售罄之道

房地产全程营销能力突破手册

王敏 著

·北京·

内容简介

营销部一直是房地产企业完成业绩的第一责任部门,营销负责人是这个关键部门的核心和灵魂。"完成业绩"这个恒定不变的考核指标,使该职位具有很大的人员流动性。

如何成为一个房地产企业中强有力的营销负责人?本书作者从多年房地产操盘和企业营销内训管理经验出发,对宏观视野、个人思维、操盘管理、销售战术、团队培养、领导层博弈、合作伙伴关系等影响营销负责人业绩完成的难题一一破解,给期望成为优秀房地产营销负责人的读者一本全面提升综合能力、职场情商、操盘专业度的完整修炼手册。

图书在版编目(CIP)数据

售罄之道:房地产全程营销能力突破手册/王敏著. —北京:化学工业出版社,2021.3
ISBN 978-7-122-38485-0

Ⅰ.①售⋯ Ⅱ.①王⋯ Ⅲ.①房地产市场-市场营销-手册 Ⅳ.①F293.352-62

中国版本图书馆CIP数据核字(2021)第024627号

责任编辑:王 斌 毕小山　　　　　　　　装帧设计:史利平
责任校对:宋 玮

出版发行:化学工业出版社(北京市东城区青年湖南街13号 邮政编码100011)
印　　装:大厂聚鑫印刷有限责任公司
710mm×1000mm 1/16 印张11½ 字数271千字 2021年4月北京第1版第1次印刷

购书咨询:010-64518888　　　　　　　　售后服务:010-64518899
网　　址:http://www.cip.com.cn
凡购买本书,如有缺损质量问题,本社销售中心负责调换。

定　　价:78.00元　　　　　　　　　　　　版权所有　违者必究

# 前言

　　房地产营销掌握着房地产企业未来生存和发展的生命线,也是最容易受国家宏观政策影响的业务领域。过去的十年,是房地产发展的黄金十年。大量房地产企业依靠市场环境、人口红利及融资窗口期实现了快速的规模化成长。2020年以后,所有行业的未来都充满不确定性因素。尤其是国家新出台的"三道红线",即住建部、央行阐述的房地产企业融资新规,这意味着金融端口进一步缩紧。

　　一方面,在"三道红线"的约束下,房地产企业开始"蒙眼狂奔",倒逼行业加强"自我造血"能力,即销售回款和全程营销力。在这条生命线上,全程营销力的提升将成为房地产企业应对未来挑战必须具备的运营动作之一。另一方面,标杆房地产企业精准有效的营销战斗力和相对充足的营销推广费用预算,给未来中小房地产企业局部战场的正面激战带来巨大压力。在未来市场中,如果所有房地产企业的库存去化都不理想,这个行业将集体进入价格比拼战。如何避免这个局面?那就要从现在开始,所有房地产企业的营销团队必须在市场红海竞争前,对区域市场开启抢收战。

　　如今是智力时代,是头脑世纪。房地产营销人必须接受工作方法改变和思维模式重塑。在基于市场外部环境、客户需求敏感点等角度,营销能赋予高品质楼盘什么样的价值点?在销售进入直播带货时代,客户到访、客户体验等环节的操作手法如何与时俱进?在区域对决中,如何提高楼盘品质以建立先发制胜的实战方法?

　　作为一个从业近20年的房地产营销人,我多次经历房地产行业巨大甚至是颠覆性的调整和改变,我愿意把自己积累下来的实战经验写成一本书,给更多需要知识共享的人。

　　这本书能带给读者什么?

　　首先,我在书中详细解读了目前国内主流高品质楼盘的开发模式,签约、回款达成指标的制胜之道;其次,在书中我还分享了国内高品质楼盘营销的多种实战经验,比如掌握高品质楼盘操作关键节点,及营销工作中的策略梳理与

应用；最后，我以标杆房地产企业为蓝本，深入剖析了如何做到高效率的标准化营销管控，以及如何通过拓客策略、案场促定技巧等实现业绩增长的战略目标。

营销的本质是把产品卖给人，而人和市场是不断变化的。未来之路注定坎坷，在业绩压力持续增长的环境下，房地产营销人和职业操盘手（营销经理、营销总监、策略总监）的专业技术是否经得起检验，更多要依靠他们实战的魄力和学习的能力。

最后，我对房地产营销行业的所有从业者说一句话：研究全国标杆房地产企业营销案例，共享行业经验，努力寻找当下楼盘营销策略的增量技巧，争做企业、区域营销业绩的优胜者，让我们一起成为更优秀的房地产营销人。

王敏

2021 年 1 月

目录

第一章 房产购买需求及产品市场属性

第一节 中国楼市买方需求变化分析   2
一、房产的功能   2
二、房产的两大新竞争力   4

第二节 房地产开发市场及企业结构变化   8
一、房地产宏观市场变化   8
二、房地产政策环境变化   9
三、土地储备变化   11
四、未来人口变化   11
五、房地产开发运营环境变化   13
六、产业发展变化   13
七、家族式房地产企业结构变化   15

第二章 房地产营销负责人的自我修炼

第一节 关键能力修炼   18
一、房地产营销的三大价值   19
二、房地产营销的三个新课题   21
三、房地产营销负责人的三种趋势研判能力   25
四、房地产营销的六点新思维   26
五、房地产营销负责人的能力要求   27

第二节 战略能力修炼   30
一、两大房地产企业战略类型   30
    （一）红海战略模式   30
    （二）蓝海战略模式   32

二、房地产企业跨界经营战略　　　　　　　　　　32
　　三、高周转模式引发房地产企业战略变革　　　　　34
　　　　（一）高周转模式影响企业资金流动和产品品质　34
　　　　（二）高周转模式影响企业商业模式构建　　　　35
　　　　（三）高周转模式要求企业高度标准化　　　　　37
　　四、未来房地产营销重在四个"战场"　　　　　　37

第三节　内部博弈能力修炼　　　　　　　　　　　　　42
　　一、突破三大关口　　　　　　　　　　　　　　　42
　　二、内部博弈的四个策略　　　　　　　　　　　　43
　　　　（一）获得决策层支持　　　　　　　　　　　44
　　　　（二）准确了解上一级领导者　　　　　　　　45
　　　　（三）获得同级管理者认可　　　　　　　　　46
　　　　（四）按七个方向打造团队　　　　　　　　　48
　　三、效能管理的三个方法　　　　　　　　　　　　52
　　　　（一）激发团队潜能　　　　　　　　　　　　53
　　　　（二）增加团队专业度管理　　　　　　　　　54
　　　　（三）用科学方法管理自己　　　　　　　　　59

第三章　房地产营销负责人业务管理

第一节　房地产营销策划师管理　　　　　　　　　　64
　　一、三种营销策划师的角色价值　　　　　　　　　64
　　　　（一）顾问公司的营销策划师　　　　　　　　64
　　　　（二）销售代理公司的营销策划师　　　　　　66
　　　　（三）房地产企业内部的营销策划师　　　　　67
　　二、房地产营销策划师工作开展　　　　　　　　　69
　　三、营销策划师四大阶段的工作重点　　　　　　　71
　　　　（一）项目定位阶段　　　　　　　　　　　　71
　　　　（二）项目操盘阶段　　　　　　　　　　　　72
　　　　（三）营销活动策划阶段　　　　　　　　　　76
　　　　（四）营销策划执行阶段　　　　　　　　　　78

第二节　房地产项目营销会议管理　　　　　　　　　80
　　一、现代企业会议的精髓是高效　　　　　　　　　80

　　　　　二、如何组织高效的会议　　　　　　　　　　　　　81
　　　　　三、如何管理好会议　　　　　　　　　　　　　　85
　　　　　四、如何高效地与合作企业开会　　　　　　　　　87
　　　　　　　（一）民营房地产企业　　　　　　　　　　　87
　　　　　　　（二）以职业经理人为决策主体的企业　　　　90
　　　　　　　（三）国资背景的房地产企业　　　　　　　　92
　　　　　五、保持会议专业度　　　　　　　　　　　　　　93
　　　　　六、会议管理业绩的五个方法　　　　　　　　　　95

第三节　房地产营销报告撰写能力管理　　　　　　　　　　98
　　　　　一、营销报告的核心要求　　　　　　　　　　　　98
　　　　　　　（一）决策层需要的营销报告　　　　　　　　98
　　　　　　　（二）专业营销报告的结构　　　　　　　　　101
　　　　　　　（三）学习和改进的态度　　　　　　　　　　102
　　　　　二、专业营销报告的要求和写法　　　　　　　　　102
　　　　　三、营销报告快速过关法　　　　　　　　　　　　106

第四节　房地产营销团队选拔培养管理　　　　　　　　　　112
　　　　　一、房地产企业人才管理方式　　　　　　　　　　112
　　　　　二、培养营销人才忌六种思维　　　　　　　　　　115
　　　　　三、培养全员领导力　　　　　　　　　　　　　　118
　　　　　四、团队建设激励的两个措施　　　　　　　　　　120
　　　　　五、营销管理者的关注重点　　　　　　　　　　　122

第四章　房地产营销销售力管理

第一节　房地产营销管控标准化管理　　　　　　　　　　　124
　　　　　一、营销标准化管控要点　　　　　　　　　　　　124
　　　　　二、营销节点标准化的三个手段　　　　　　　　　125
　　　　　三、营销节点标准化的三种方式　　　　　　　　　127
　　　　　四、营销节点标准化的六个阶段　　　　　　　　　132

第二节　房地产营销客户获取管理　　　　　　　　　　　　139
　　　　　一、获取客户的战略目的　　　　　　　　　　　　139
　　　　　二、获取客户的三个要求　　　　　　　　　　　　140

三、获取客户的四个核心战术　　143

第三节　房地产销售案场标准化管理　　147
　　一、案场标准化管理功能　　147
　　二、案场标准化管理对象　　148
　　三、案场标准化管理文本工具　　149
　　四、协同培训管理　　151
　　五、案场销售能力标准化管理　　154

第四节　房地产营销客户体验营造　　160
　　一、体验式营销管理流程　　160
　　二、体验式营销的四个细节营造　　161
　　三、以客户眼光营造两种体验感　　162
　　四、客户入场高峰体验的四个建设重点　　164

第五节　房地产项目去库存销售管理　　168
　　一、库存产品处理思维借鉴　　168
　　二、楼盘去库存的销售策略　　171
　　三、去库存销售的四个突破手段　　175

第一章

房产购买需求及产品市场属性

第一节
中国楼市买方需求变化分析

不同国家的人,对房产的观念不一样,其住房选择也各有不同。在中国人的观念里,"住"是每个人都无法回避的事,住房不仅是容身之处,更有"家"的寓意。对中国人来说,"房"是家庭的外化,是生存的寄托;房产是一个人安身立命、安居乐业的象征。

 房产的功能

在中国,关于房价的预测一直没有停歇,是一个最容易引起讨论的热点话题。对于房产,可以有两个视角。

首先,从居住角度看,房产是总价很高的必需品。

其次,从投资角度看,房产并不是理想的投资品,原因有三个:

① 门槛太高,首付成本是笔巨款;

② 交易周期太长,二手房交易需要几个月以上的时间;

③ 摩擦成本太高,房产买卖的中介费、各类税费,算下来整体费用都不少。

尽管如此,人们还是在不断地买房,不是因为房产是最好的投资,而是在所有不理想的投资当中,房产被视为相对不坏的选择。

对购买者来说,买房这个消费行为的价值体现在三个方面:

① 避免房价快速上涨带来的财产损失和决策焦虑;

② 是资产保值抗跌的需要;

③ 符合中国人"有恒产者有恒心"的传统价值观。

中国于1998年结束福利分房,社会逐步进入商品房时代。中国房价在过去二十多年持续上涨的主要动力有三个:

① 住房改革,即房产开始市场化;

② 快速的城市化进程;

③ 货币政策长期处于宽松状态。

图 1-1-1 中国房价持续上涨的三个动力

只要房地产开发企业清楚购房者的决策动机,便可以判定,房产作为一种商品,其自身的使用功能并不是购买的主要动力,进而能够把握房产该如何销售,如何在企业的销售系统里确定营销战略及销售策略。

1. 安居乐业

安居乐业是中国人价值观中的重要一点,即所谓"有恒产者有恒心"。房屋买卖牵扯着中国人最重要的生活,是整个社会经济生活的重要部分。中国人的家园感来自房产,一栋房产可以解决安居乐业的诸多问题:娶妻、生子、储蓄、养老。

2. 家族财产

在日常生活中,常听身边的朋友说"某某买房子赚了";售楼部的销售人员推荐房产时,也会给消费者计算买房带来的收益。

从目前的数据和实例来看,全国任何一个城市任何一种类型的商品房,租金都很难冲抵月供;从投资视角看,高房价的商品房基本不具备短期投资回报功能。中国的置业群体在决策买房时一般会考虑哪些因素呢?

使用功能是房产最根本的价值,但却并非第一价值。置业者买房还有三个重要因素:
① 短期获利,即买完房产后,价格还能上涨;② 好的地段和位置,决定房产随时转手卖掉不会亏;③ 好的教育及医疗等置配套规划,未来有更大升值空间。

以上这些因素,都促使房产成为家庭和家族的重要财产,作为家族资产留给后代子女。

3. 养老

由于投资渠道和产品稀缺,房产成为大众心目中保值、增值的优选商品。中国逐年持续稳定上涨的房价行情,在购房者心中植入了一个魔幻意念:有房产在手,一世无忧!中国人崇尚居家养老,选择居家养老的老年人占90%。在养老方面,除了传统的家庭、子女养老,"独立养老"的观念逐渐形成,越来越多的中国人开始用房产养老,房产既是自己养老的本钱,也是留给子女的一笔丰厚遗产。

4. 教育

中国人极为看重对后代的教育，让孩子尽可能接受良好教育的机会非常重要。就目前的社会发展来看，学历比学区房更有投资价值，供孩子上个好大学是更有价值的教育投资。购房者在房产的选址上都会参考一个重要指标：社区安全环境及是否有教学质量上乘的学校，也就是现在的城市学区房。

这就导致了一点：从地段上讲，学区房多在老城区，其品质一般不高，居住功能较差甚至不全，但是，学区房的价格却高出普通城区商品房好几倍。

就学区房来说，其自身的居住价值和投资价值不是第一位，房产所对应的学位才是最有价值的部分。

二 房产的两大新竞争力

2020年的疫情，让人们开始重新考虑如何选择生活和养老的城市。

① 硬件。如城市应急医疗、城市管理和服务能力、社区排查检测手段、社区管理技术、居住环境的健康水平。

② 软件。城市的宽容程度和文明程度。

1. 置业竞争力

2020年全球爆发的疫情，从某种意义上重新定义了城市的竞争力，因为人们买房置业的逻辑发生了一些重要的变化。

（1）买房终老变为买房置业

从中国一二线城市的生活和居住压力来看，中国的很多消费者，决定择一城终老或选择回家乡发展的人不在少数。很大一部分年轻人选择了"三级跳"的人生：在一线城市打拼，去二线城市买房，最后找一个更适合自己扎根的城市定居。以上三次跳跃中，还融合了三种客观和主观因素：社会大背景下的行业发展、个人职业规划和个人婚恋机缘。

图 1-1-2 购房者综合考虑的因素

（2）优选治理良好的城市

中国社科院2018年发布了国家医疗中心城市排名，根据医疗条件、规格和级别划分为国家医疗中心、国家重要医疗中心、潜在的国家重要医疗中心三个级别。

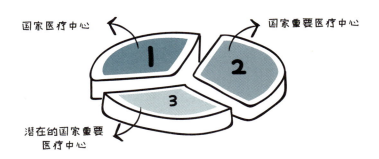

图1-1-3　2018年中国社科院发布的国家医疗中心城市级别

经过2020年疫情的考验，所有人都意识到一线城市对个人生活和身心健康的重要性，在一个现代化程度较高的城市中有一套自己的房产非常重要。选择在治理较好的城市居住和生活已经成为消费者购置房产的一个重要标准。

表1-1-1　2018年中国医疗中心城市排名

级别	代表城市
国家医疗中心	北京
国家重要医疗中心	上海、成都、广州、西安、天津
潜在的国家重要医疗中心	南京、武汉、重庆、长沙、郑州、杭州、哈尔滨、济南、沈阳

置业者选择城市的标准和城市竞争力排名，对房地产企业的项目开发、产品及配套设计有重大参考价值。

2.产品竞争力

一般来说，完美的房产有四个特性：①通勤方便，位置在城区或离市中心较近；②首付和总价可以承担，即可以付得起首付，支付得起月供；③生活便利，社区配套齐全；④居住舒适，房产居住功能设计完善。

如今，房产一旦关联起学区、交通、商业配套、户型、楼层等重要因素，很多人便无法精挑细选买到功能完美的房产。

2020年以前，容积率、楼间距、梯户比这些细节参数，在购买房产时属于锦上添花的次要因素。经过2020年的疫情之后，购买者开始把居住环境、家人身心健康这些细节参数排在重要位置，社区容积率、户型楼层、周边配套重新被列为重要的购房因素。

图 1-1-4　完美房产的四个特性

（1）社区容积率

社区容积率高，意味着社区人口密度大，增加了感染和传染的机会。当遇到传染病高发等特殊情况时，感染率比1梯2户和2梯2户的房屋要大很多。

现在看来，1梯2梯共几十户居民的楼盘，不仅为等电梯带来不便，而且带来公共空间使用频率高、密闭电梯空间负荷量大、多年后电梯质量与安全等一系列问题。

（2）户型及楼层

在中国人的居住观念里，户型南北通透尤为重要，因为这非常影响屋内空气的流通。

人们长期居住的房间内，如果阴暗潮湿，光照时长不足，就容易滋生细菌和病毒，引发呼吸道疾病。如果长期生活在密闭、不通风，空气得不到更新的环境里，人就会因缺氧而引起头痛、头昏、心慌、疲乏等不适症状，削弱人体抵抗力。时间长了，对身体的损害特别大。

（3）周边配套

2020年，全国人民"被迫"体验了几个月的居家隔离生活。满足日常生活所需的购物范围缩小至家门口的超市。

以武汉为例，明确封城后，不少社区底商超市逐渐关闭，只有中百仓储、武商量贩、永旺超市等大型超市，因为可以达到政府要求的卫生和安全标准，所以才能正常营业，为周边用户提供粮油、蔬菜和生活物资等保障供应。

如今，人们已经开始为自己的未来生活预警：一旦出现意外事件，交通运输不畅，商品处于断货缺货状态，个人居住的房屋周边有无大型超市、医疗、卫生等基础且重要的生活配套，决定着日常生活的品质和安全。生活和医疗配套成为人们购房的重要考虑因素。

（4）社区规模和物业管理能力

决定业主居住安全和生活稳定的关键因素有两点：社区规模和物业管理能力。

服务意识和能力不够的物业，在紧急事件面前会暴露出很多问题。比如，社区门禁系统形同虚设；

保安人手不足，业主流动性大，车辆进出随意；没有消毒防护工作。

规模比较大的社区人口多，社区街道居委会、社区服务App、社区微信群就会发达和完备，社区内服务人员和安保等配置能做到分工明确，执行到位。一个社区有好的物业管理，就能迅速对特殊事件做出高效且有温度的反应。

如今的置业者，开始重新评估房产的价值和功用。特别是上了年纪的老人，常年需要照顾的体弱病人，需要送饭送药上门、行动不便的人，对大型社区和品牌物业邻里服务的需求和依赖更为迫切。他们也能真正获得社区的具体帮助。

第二节
房地产开发市场及企业结构变化

国内的大型房地产企业自 2018 年起纷纷做出"去地产化"的战略调整。淡化传统地产业务、拓展多元化战略已经成为行业趋势。对房地产企业来说,重新寻找到投资者兴奋点,获得新的发展机遇已经成为重要的战略核心。

 一 房地产宏观市场变化

1. 鼓励房屋自住

2019 年 7 月,银保监会约谈了部分房地产信托业务增速过快、增量过大的信托公司,要求严格落实"房住不炒"要求,之后相继出台了各类相关政策,加强房地产市场分类调控。

房价上涨压力大的城市要合理增加住宅用地,规范开发、销售、中介等行为。2020 年,三四线城市的房产库存仍较多,很多地方政府在政策上更鼓励居民买房自住,鼓励城市非户籍就业人员购房。

2. 遏制房价上涨

2018 年 7 月 31 日,中共中央政治局召开会议,对房地产市场做了明确定调:边际调整,方向不变,坚定去杠杆,坚决遏制房价上涨。下决心解决房地产市场问题,坚持因城施策,促进供求平衡,合理引导预期,整治市场秩序,坚决遏制房价上涨。加快建立促进房地产市场平稳健康发展长效机制。

3. 稳定房价、地价

2019 年 12 月 23 日,全国住房和城乡建设工作会议在京召开。住房和城乡建设部依然把"稳地价、稳房价、稳预期,保持房地产市场平稳健康发展"作为首要工作。会议强调长期坚持房产自住,不把房地产作为短期刺激经济的手段,继续稳妥实施房地产市场平稳健康发展长效机制方案,着力建立和完善房地产调控的体制机制。

4. 基建转向居民居住需求

国家"十三五"规划（2016—2020年）明确提出，到2020年，基本完成现有的城镇棚户区、城中村和危房改造。从现实情况来看，这个目标的大部分任务已经完成。2018年启动三年棚改攻坚计划，提出要因地制宜调整完善棚改货币化安置政策，商品住房库存不足、房价上涨压力大的市县要尽快取消货币化安置优惠政策。

目前处于棚改末期，主体工作会从两方面进行：① 通过加快安置房的建设，为棚改居民提供实物安置；② 通过地产调控与限制货币化安置，降低市场对于房价的预期，加强居民的拆迁意愿。

棚改模式撤场，影响最大的是二三线城市的房地产市场。不同于一线城市的高收入机遇和强劲刚需，许多二三线城市的购房需求被棚改计划带起来，如果棚改政策不再继续，这些城市的购房实力和需求必然回落。

全面转向的基建"十三五"规划即将结束，棚改模式即将退场。我国执行的基建模式正在不可逆转地改变方向：从过去的粗放式发展转变为定向发展。

政府屡次强调不搞"大水漫灌"，对基建项目来说也是如此。如今，房地产的开发会朝着建设有价值、满足居民居住需要、能提升地方经济的项目发展，而非继续过去的土地财政与资本游戏。这对房地产开发商来说，是机会也是挑战。

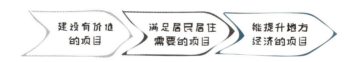

图1-2-1 未来城市基建发展的三个方向

二 房地产政策环境变化

房地产开发的从业者要意识到，政府对平衡和稳定宏观经济的决心非常坚定。虽然房地产还将持续扮演支柱经济角色，短期内不会有大的调整，但政府不会动摇经济上"去地产化"的决心。在这样的政策环境下，房地产开发企业须加快转型升级，寻找新的出路。

1. 年度榜单

每年年底，很多房地产服务机构都会发布各类房地产企业年度销售额排名榜单。

① 销售类排行榜单。榜单排行反映的是房地产开发企业的营销和操盘能力。企业代建产生的销售业绩应纳入操盘口径统计中。同一个房地产开发企业在不同的排行榜上销售数额不同，是因为不同的榜单统计口径不一样。比如，某项目为多家房地产企业合作开发，则该项目业绩仅归入操盘企业。

② 权益榜单。榜单排行反映的是企业的资金实力与投资能力。以企业股权占比为口径，即若某项目为多家房地产开发企业合作，则该项目的业绩按照股权占比计入相应企业。

2. 整体业绩

2019年，碧桂园以7715亿元的销售额在行业内夺魁，万科以6260.3亿元位列第二，恒大以6205.6亿元位列第三，三巨头合计销售额超过2万亿元。若以2019年全国商品房销售额粗略统计的结果（16万亿元）计算，三巨头的市场占有率合计超过12.50%。

从百强房地产开发企业的排行榜单来看，千亿元俱乐部持续扩容，有7家房地产开发企业销售规模超过3000亿元，4家房地产开发企业位于3000亿~6000亿元之间。

每年变化的开发企业业绩增速并不乐观。各房地产开发企业的市场去化压力都趋于增大，企业整体的去化率处于相对低位。

最终一个事实是，房地产开发企业的业绩增长主要依靠在售项目的数量提升。

3. 行业集中度

房地产行业年度榜单的企业集中度，从侧面反映出排行靠前的房地产企业在运营和开发方面的优势，这个优势集中体现在获得优质土地资源方面。

权威榜单数据显示，2019年排行为TOP3、TOP10、TOP30、TOP50、TOP100房地产开发企业的权益销售金额集中度已分别达到9.5%、21.4%、35.7%、43.5%以及53%。每年行业榜单的数据是静止的，只有将数据变为营销人的分析工具，才能从这个排行榜中把握住对趋势和未来市场的判断。

① 在行业整体规模增速放缓的同时，百强房地产开发企业内部各梯队分化格局加剧。

② 房地产企业因全国化布局而享受到规模化红利，因为具备相对成熟的内部管控机制，所以更具行业竞争力，行业集中度也有继续提升的空间。

③ 土地是房地产企业最重要也最占用资金的生产资料。这意味着中小房地产企业在市场上的生存空间会被挤压得更小。未来，房地产开发企业间的竞争会不断加剧。

4. 市场份额

对房地产从业人员来说，必须意识到房地产的行业规模已达到历史顶峰。从企业每年营销业绩的数据来看，房地产企业每年的营销指标不会降低，中小房地产企业冲进榜单的决心不会消退。各个企业的营销部门在2020年及未来的几年，面临前所未有的压力。

面对业绩下滑，房地产企业的老板或高管，首先想到的策略是进行营销部门人士调换。新任营销负责人到岗后一般会有三个基本动作：

① 认真梳理企业各个项目；

② 对风险小、市场好的项目，换上与自己配合度高的主管操盘；

③ 对风险大、市场差的项目，用高压淘汰原有操盘手，让人力部门启动社会招聘吸纳新鲜血液。

房地产企业频发更换营销部门人员，调整营销策划，目的就是实现去库存这个核心任务。

第二节 房地产开发市场及企业结构变化

三 土地储备变化

1. 企业土地存量

中指研究院发布了《2019年1~6月全国300城市土地收入排行榜TOP50》和《2019年全国房地产企业拿地金额TOP100》两份榜单。杭州、上海、武汉、广州、北京5座城市在2019年土地出让金榜单中位居前五；万科、碧桂园、保利发展、中海地产、融创中国在2019年全国房地产企业拿地金额中位居前五。从各城市群拿地金额来看，长三角地区持续居首，中西部地区关注度持续提升。

也有数据显示，2019年全年拿地金额超千亿元的房地产企业有5家，比2018年增加了2家。2019年土地市场稳中向好，土地价格略有上升，房地产开发企业持续加大收并购力度，在获取优质项目的同时，有效降低拿地成本，平衡经营风险。

2. 从营销视角看土地储备

2019年，标杆房地产开发企业全线重仓，8家房地产开发企业总土储货值破万亿元。与2018年末的排名相比，总土储排名前十的房地产开发企业，土地储备量变动较小，仅10强房地产企业内部排名稍有调整，规模房地产开发企业优势明显。根据去化能力推算，百强房地产开发企业总土储平均去化需4.2年。

房地产企业在这几年的发展中，表现明显的是企业运营及开发专业技术逐渐成熟，周期规律、杠杆势能、土地红利都开始退出房地产开发的历史舞台，能让房地产企业保持竞争力的是精细管理的功夫，包括经营管理、品牌标签、人才培养和储备。

图1-2-2　房地产企业保持竞争力的三个精细管理功夫

四 未来人口变化

对房地产开发来说，城市选择的重要性毋庸置疑。人口发展影响楼市大环境，只有具有一定人口

规模的城市和符合人才成长发展方向的城市才有房地产开发的市场空间。

1. 中国人口发展趋势

很多国家的人口数量都呈现负增长趋势。中国的人口数量在全球的占比逐步下降,印度的人口数量有望在 2024 年超过中国。

中青年加速减少。未来 5 年劳动年龄人口将每年减少 300 万人以上,在 2028 ~ 2039 年间,年均减少数量将超千万人。

2019 年,新出生人口数量已降至 1400 万人左右,五年内大概率将跌破 1300 万人。人口正逐步进入深度高龄化。到 2037 年,我国人口高龄化程度将达到日本现在的水平,到 2050 年将与日本届时的高龄化水平相接近。

性别比例失调最严重的一代(1996 ~ 2013 年)尚未大量进入婚姻阶段,我国的结婚率会继续下滑,未来结婚率会进一步下降。

2. 中国三代年轻人的购房特征

表 1-2-1　中国三代年轻人的购房特征

年龄段	出生时间	总人口数量/亿人	住房情况
80 后	1980 ~ 1989 年	约 2.28	① 基本已完成首次置业 ② 开始进入投资、改善型置业
90 后	1990 ~ 1999 年	约 1.74	① 精英群体已完成首次置业 ② 普通群体因就业压力、消费习惯等,置业需求日趋理性 ③ 在意单位与住所之间的通勤距离 ④ 在意交通便利性,即地段交通配套
00 后	2000 ~ 2009 年	约 1.46	① 他们的父母是中国第一批独生子女,这个群体不缺房产 ② 认为置业回报比居住功能重要,未来没有升值空间的房产,对他们没有吸引力

3. 人口未来指导产品设计方向

房地产开发,首先要对城市宏观人口有战略观察,其次要对项目所属区域和板块人口有真实详细的分析,从而制定出符合市场需求的户型。

未来几年内,房地产企业户型设计主要有以下 6 个方向:

① 改善型客户,属于主动消费,品牌、产品和地段环境都要匹配其需求,市场份额会越来越少;

② 新开盘适合的户型,以刚需户型为主,改善性需求户型为辅;

③ 户型上要慎做大三房,主攻经济偏实力型客群;

④ 尝试单身小户型;

⑤ 收集区域库存数据,让新户型必须有总价优势;

⑥ 慎做挑高、大平层,控制社区商业面积和车位数量。

五 房地产开发运营环境变化

在过去的 40 年里，中国的城镇化率从 10% 提高到了 50% 以上，美国用了 80 年时间才达到这个程度。国际上通行的规律是，当人均 GDP 超过 1400 美元以后，房地产住宅的投资开始发展；当人均 GDP 超过 3000 美元之后，住宅投资开始快速增长；当人均 GDP 超过 8000 美元以后，住宅市场新增下降。中国的情况与这个规律的吻合度非常高，也就是说，中国住宅房地产大规模开发的阶段已经过去。

1. 一线城市房地产市场进入存量房时代

截至 2020 年，市场存量房源非常多，存量住宅大概为 10 万亿元左右规模。中国房地产业的发展趋势必将从"拼命盖房"转向"盘活存量"，市场或将迎来一个全新的拐点。

预计未来 5～10 年，二手房买卖会是新房买卖数量的 3 倍左右，城市住房租金市场总量大概为一年 1 万亿元左右，2020 年之后的十年时间会涨到 3 万亿元左右的规模。

未来，整个存量市场是一个相对更确定的领域。全国一线城市房地产市场全面进入存量房时代已是不争的事实。

城市化程度最高、人口密度最大的深圳市，最早开启了存量利用管理。这种存量盘活模式也会很快在其他城市效仿和推行。

2. 开发商、经纪机构与代理行角色反转

改善居民生活水平将是未来公共政策的主旨，原来推行的"棚改"会以其他的形式体现，比如：住区或社区升级，农村危房改造，农村居民点集中布局，特色小镇开发和建设，以及海绵城市、智慧社区、养老功能等。对于楼市本身、基础设施，以及各行各业的影响将长期存在。

在房地产市场格局重塑的新时代下，开发商、经纪机构与代理行的角色或将反转。对房地产企业的营销高管们来说，2020 年以后的营销管理工作核心是具有精细化盘活存量房地产的专业技能，这也是未来营销人在房地产"江湖"里继续驰骋的头号武器。

六 产业发展变化

2017 年至今，西安、武汉、南京、杭州、成都等一线城市掀起的"抢人大战"越来越激烈，方式之一就是对外来人口的落户政策优惠。众所周知，城市要发展，离不开优秀人才的聚集。人口的流动带来各种消费需求，有人的地方才有经济发展，房地产市场也是如此。

1. 有支柱产业的城市消费力强劲

与一二线城市相比，三四线城市在"抢人"方面缺少优势。缺乏"抢人"优势的城市，必须有属

于自己的支柱产业,特别是要拥有新型社会分工行业,比如物流总部、企业 400 的呼叫总部等。这类支柱产业非常吸引不愿意在一二线城市生活、工作的人群,促使他们不断涌入进来。

2019 年,全国房价涨幅第一的城市是哪个?答案让人意外,它是内蒙古自治区的呼和浩特市(同比上涨 17.1%)。原因是呼和浩特市坚持发展农畜产品加工、电力能源、石油化工、生物医药、光伏材料、电子信息六大优势产业,带动上下游相关企业聚集,年产值超过 1000 亿元。

长三角地区的三四线城市,在支柱型产业方面,做到了既领先又成熟。放眼长三角城市群,几乎每个小城市都有三个特点:

① 拥有各具特色的细分型支柱产业;
② 与核心城市上海,二级核心城市杭州、南京、苏州形成鲜明的产业梯度;
③ 承接着一二线城市的人口及产业溢出。

这三个特点提升了该区域城市的生产和创造能力。

图 1-2-3　长三角地区三四线城市发展的三个特点

还有一些城市,虽然历史、地理位置等先天不足,对周边城市缺乏辐射吸引力,本地经济活力缺乏,但把握住了产业转型升级的重大机遇,仍能取得突破性的快速发展。

2. 三四线城市产业是房产销售的决定因素

很多中小型房地产开发企业都扎根、深耕在三四线城市。不少房地产开发企业就崛起于三四线城市,在同一座城市成功开发过七八个项目。在这些城市中,房地产企业品牌深入人心,市场口碑不仅不逊于甚至还优于全国型品牌房地产开发企业。但是,有一个事实是,这样的房地产开发企业在 2019 年隆重推出回馈本地父老乡亲的新项目时,却无人捧场。为何会这样?

根本原因在于,三四线城市居民的置业能力有天花板。这个天花板来自于就业收入引发的综合约束,表现为能提供高收入且体面的就业机会少,居民劳动力的持续增值能力有限。

三四线城市的房价最初只有一两千元每平方米,今天涨到每平方米甚至过万元的价格。房地产企业的销售难度不在于产品本身不够好,而在于与这个高价格匹配的产品,当地居民已经买不起了。在这样的城市消费背景下,房地产开发企业的营销管理者要创造业绩需做到三点:① 掌握当地产业发展资讯;② 了解和分析居民收入的杠杆能力;③ 推出与本地市场需求相匹配的产品和销售方案,而不是一味迷信营销方案能换来销售业绩。

七 家族式房地产企业结构变化

1. 家族企业出现接班难题

公开发布的专业报告统计数字显示,中国 80% 以上的民营企业都以家族企业的形式存在。自 2020 年开始至未来 10 年,有近 300 万个家族企业将面临代际传承问题,中国的家族企业正式进入代际传承的关键时期。

房地产行业的家族企业也面临着同样问题:开创基业的一代企业家年龄越来越大,以 80 后和 90 后为主的二代接班人已经或即将登上房地产开发的舞台。二代接管企业已经成为常态,但二代接班的路径在各个企业里差别较大。比如,有些二代是接手分管一些部门,从中层开始熟悉房地产开发业务;有些则另辟蹊径,尝试管理和开拓一个全新的业务领域走进企业管控核心层。

国外企业的研究数据显示,第一代创业者把企业管理大权传承给二代接班人,成功率是 30%。中国因为有家族传统文化的支撑,情况会乐观一点,但也无法实现百分之百成功,这是一个客观规律。

在二代接班人这个群体中,年轻是最大的资本,但年轻也意味着诸多不确定性。无论房地产企业家的二代接班人使用哪种路径,他们都有以下共同点:① 走进企业管理团队时没有太多市场管理经验;② 一进入企业就身居要职。

2. 一代创业者人脉 + 二代接班者产品

如今,科技创业大规模崛起,企业创始人个个都是精通产品的高手,创始人本身就是企业产品的首席发言官。这种能力被房地产企业二代接班人所向往和追求,这种能力也是他们的父辈管理者所不具备的能力。但中国家族企业第一代管理者普遍具有吃苦耐劳、情商过人、人脉资源丰富的特点。

大部分二代接班人都有在海外接受高等教育的经历,比他们的父辈更注重产品和技术。利用父辈创业者的基业和人脉,二代接班人打造的产品,成了中国家族企业代际传承的一大特点。让企业管理权开始更替的房地产企业,既多了新的市场武器,又有了新的业务领域,从而改变了房地产企业的营销思维。

图 1-2-4　房地产家族企业代际传承特点

3. 二代房地产企业管理者

房地产企业中二代接班人登场，意味着具体工作层面的诸多细节都在变化和调整。房地产企业营销负责人的汇报、沟通、方案制作等能力都要转变。

（1）转向产品思维

年轻的房地产二代接班人虽然欠缺经验，不懂营销，不拘一格，天马行空，但他们作为年轻一代的消费者和生活方式的引领者，在体验感和产品气质上更敏锐。虽然不一定懂产品设计，但他们站在台上，能说清楚自己的企业应该做什么产品，这是这个时代给他们的训练和嗅觉。未来接班的房地产企业家必须是精通产品的高手。

营销负责人的思维模式需要与时俱进，改变自己的工作方式和沟通技巧。

① 企业老板和高级管理层之间转变沟通方式。可以想象一下，某位营销负责人用和王健林开会的语气和王思聪汇报工作会有什么结果，就能明白房地产营销负责人需要进行哪些沟通调整。

② 企业二代管理者为追求更高的目标，考核和激励方式会变得激进。房地产营销负责人的工作结构和年度目标责任书的内容和考核目标也会更加激进和具体。

（2）快速提升专业知识能力

二代房地产企业管理着，面对的是一个远比父辈们当年更复杂的市场环境：

① 政策调控精准及时且深入全面；

② 融资环境严峻恶劣，债务高涨。

从市场下行的实际情况来看，房地产企业的二代接班人任职后，打造企业的产品竞争力必然成为一次闯关大考。

和这样的企业老板合作，营销领域的负责人要做到三个能力的提升：

① 构建与时俱进的房地产营销专业知识体系；

② 建立销售科学观，相信销售是一门可以学习和实践，具有理论体系的科学；

③ 基于自己的学识和市场经验，习得一套有体系、有理论、有规范、有技术、可传承的销售技能。

第二章

房地产营销负责人的自我修炼

第一节 关键能力修炼

从实际职能来看,营销部承担着房地产企业所有的销售指标,处在企业职能部门的核心位置。当市场向好时,营销让房子卖得更快、溢价更高、企业品牌塑造得更好;当市场下行时,营销能快速去化项目尾盘,实现企业营销目标。也就是说,无论什么样的市场情况,优秀的营销都能让项目卖得比竞争对手更快,甚至让一个濒死的项目起死回生。企业在销售上要具备这样的优势,就必须依赖一个强大的营销负责人以及由他打造出来的一个执行力强、专业过硬的营销团队。

房地产营销是一个大战场,一个出色的能屡屡完成业绩的营销负责人,需要具备的能力多种多样。一个营销负责人的工作包括需求分析、数据分析、品牌营销、战略布局、策略执行、目标拆解、团队管理、用户运营等。总体来说,这些关键的能力有两类:一类是专业能力,另一类是管理能力。

表 2-1-1 营销负责人需要具备的关键能力

专业能力	市场需求洞察	购买人群研究
		产品定位包装
	销售渠道管理	营销策略
		通路管理
		思维创新
	业绩达成	营销方案
		销售话术
		分销代理管理
管理能力	制定方案计划	工作计划
		监督执行
	沟通协调	会议管理
		团队能力培训
		资源整合
	绩效管理	奖励制度
		绩效考核
		营销动作规划

一 房地产营销的三大价值

1. 驱动企业增长

传统观点认为,房地产营销是"销售团队+推广策略+广告促销"的组合体,主要任务是提升项目销量。现代营销学之父菲利普·科特勒为市场的狭义营销下过一个定义,一直为业界所信奉,即"市场营销=为目标市场创造、沟通和传递价值"。现在他又提出了新的观点:"市场营销是一个驱动企业增长的商业准则。"

市场营销就是一个真正花时间和客户在一起的工作过程。对市场营销来说,如果销售人员培训得好,他们和客户在一起的时间长,真正接触到市场,他们就能最先发现市场的机会,最先发现客户有哪些需求,最早感受到竞争对手的威胁,感受到影响客户购买产品的障碍,最终把这些观察的结果和感受提交给公司。

2. 转变企业终极目标

过去,有观点认为,企业的价值在于"让股东利益最大化"。这个商业逻辑有两个问题:
① 没有区分企业的短期利润和长期利润;
② 一味追求企业做大的规模和利润,没考虑所有相关者的利益。

(1)四类重要的企业利益相关者

企业重要的利益相关者包括四类:企业、企业股东、企业客户、供应商合作伙伴。一个房地产企业,只有把企业利润与利益相关者分享,才能让每个人都变得更好,企业才有更持续长远的利润。如果企业赚钱后只关注股东级别的团队,就会失去员工和合作伙伴的配合与投入。

菲利普·科特勒教授曾提出一个企业商业逻辑,得到越来越多企业的认同:
① 看重企业目的、价值观、道德,而不仅仅是利润;
② 商业与社会间的关系应从"对生意好就对社会好"进化到"对社会好就对生意好"。

(2)关注客户满意度是终极目标

管理大师德鲁克说,营销涵盖企业的经营和管理。他站在广义营销的视角提出过很多著名言论,比如"让销售成为多余"。在德鲁克的理念中,营销是管理的一种基础理念,他更倡导企业重视并建立强大的营销基础——追求客户满意度的综合体系。在这个体系里,企业要具备五种重要能力:
① 洞察客户需求的理解能力;
② 充分满足客户需求的价值创造能力;
③ 行业领先的产品创新能力;
④ 优于行业品质的专业制造能力;
⑤ 高效的企业运营能力。

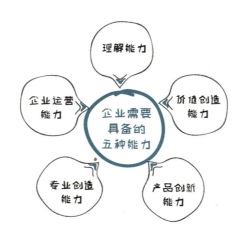

图 2-1-1　客户满意度体系下企业需要具备的五种能力

（3）用重金"砸"营销是短期行为

多年来，中国的房地产开发企业秉承的理念是营销万能论，即没有卖不出去的房子，企业管理的大逻辑是用重金"砸"营销，对营销环节过分依重。庞大的市场、海量的刚需恰好又掩盖了房地产开发企业的能力短板。诸多发展中的房地产开发企业忽略了从客户满意度体系不断完善企业竞争力这一点。

重金"砸"出来的营销，虽然实现了地产繁荣，但也产生了一个弊端：营销基础不牢固且关联性弱。产品、技术、研发、创新和由这些决定的产品价值无法成为营销的基础，营销在项目销售过程中，只能充当加速或减缓某种势能的因素，而不是销售的决定因素。

3. 企业运营的决定环节

想要理解房地产营销的定义，就要先理解房地产行业的本质。房地产是一个高度依赖土地的行业，没有土地储备就没办法做持续开发。一个房地产企业实现成功运营，离不开以下三点。

① 企业拿地策略。投拓拿地是房地产开发链条上最前端的环节，地拿对了还是拿错了，决定了产品销售的成败。

② 企业财务要求。具体说就是，企业的"钱"怎么来，利息是多少，还款周期节点怎么确定等问题。企业的财务端口是土地资金的使用前提，房地产企业的财务因素有时比市场调研分析更能决定产品的定位和价值。

③ 国家宏观政策。房地产企业成功运营，除了土地拿得对，产品定位做得好，营销策划充分全面，销售执行到位之外，还有一个重要因素：国家和地方政府每年的宏观政策。这是影响房地产项目运作和销售的重要因素。

图 2-1-2 影响房地产企业成功运营的三个重要因素

房地产营销人要清醒地认识到,营销虽然不是企业运营的最终决定因素,却是整个企业运营闭环的最后环节,因此,要在拿地策略、财务要求、国家宏观政策这三个方面理解房地产营销。

广义的房地产营销包含产品定位、营销策划、融资条件。狭义的房地产营销,是指实现加速或减缓销售节奏和进程的措施。

营销在企业中的位置十分重要:发生在房地产开发前端的工程、成本、设计等技术环节,无论做得如何优秀,如果营销管控做不好,都一样无法准确实现项目销售目标。

4. 三类房地产企业的营销需求

在市场横盘期,营销、产品都开始回归房地产开发市场的平均水平。如果市场好,就去提高利润,塑造品牌;如果市场不好,就要争取做到在区域市场内跑赢竞争对手的楼盘。消极的心态永远会把问题归咎于市场,而积极的营销负责人永远会主动想办法解决每一个问题。

(1)标杆房地产企业

每年销售排名在前 30 的房地产企业,全年目标都非常统一:回款!

强大的回款指标需要房地产企业做到三点:谨慎拿地、城市选择、深耕布局。对市场客群的置业需求进行专业化分析,以便在产品研发上把握先机。

(2)追赶型房地产企业

追赶型房地产企业,对标企业是销售排名前 10 名的企业。这类企业现阶段会效仿标杆房地产企业,推进各职能条线执行标准化,复制排名前 10 的房地产企业的发展路径,期待站对风口。

(3)中小型房地产企业

这类企业,年销售规模在百亿元范围内,企业内缺乏标准化执行基础,产品研发滞后,一味复制产品,期待三四线城市的发展机会,未来库存高涨,去化压力巨大。

 房地产营销的三个新课题

过去的 30 年间,房地产是比较赚钱的行业之一。到了 2019 年以后,房地产市场已经逐渐饱和,中国房地产企业的规模增长已经接近天花板,企业大规模增长的时代已经过去。也就是说,一个房地

产企业的年销售额，从 1709 亿元增长到 3000 亿元很容易，但是，从 3000 亿元增长到 4000 亿元，就很难实现了。

中国经济发展的长远目标是稳中求进，无形调控之手永远存在，追求积极向好又期望平稳缓和是不会改变的大方向。2020 年以后，房地产市场已进入高位平台期，基本不会再有"触底"和"反弹"这样的大起大落。

1. 用市场变化引领企业发展

通过各类房地产企业的年报数据不难看出，房地产行业的集中度正一步一步提升。百强房地产企业也把活下去作为运营目标。小型房地产企业未来的市场空间更加有限。因为，中小企业资金运作能力有限，拿地机会不多，而且限购、限售等宏观调控政策，都是中小企业房屋销售的限制和制约因素。行业发展的趋势和规律，藏在千变万化的市场中。掌握企业生存之道就是要把控各种市场的环境变化。

（1）房地产大营销概念盛行

越来越多的房地产企业开始重视营销前置的管理模式。很多房地产企业已率先提出房地产大营销概念，要求企业营销负责人必须从拿地、定位环节介入工作，从项目开始时就提供市场决策支持。比如，万科很早就开始向互联网企业学习管理和发展模式，尝试实行合伙人制度，这是运营眼光长远，尽早改变增长模式的超强探索。

（2）研究客户成为房地产营销的根本

作为房地产企业的营销负责人要时刻在业务上做到"心中有数"，不能只会用分析周期预判、研究机构的年度楼市报告，以及预测政策方向等常规方法判断行业未来，更要关注市场以外的信息和数据。成功的房地产企业都开始建立以客户为中心的思维，细致关注客户的关键需求，以新的企业设计来适应市场的新变化。

论证行业环境的好坏以及一个项目的销售潜力，必须借助三类有效的分析工具：

① 准确的市场数据；

② 行业发展事实；

③ 国家政策、客户、行业、竞争对手、人文、地域差异性等动态信息。房地产企业应据实掌握这三类分析工具并加以利用，深入研究客户需求、客户价值和变化趋势。

图 2-1-3　论证行业环境和项目潜力的三类工具

（3）房地产营销人要研究产品

房地产企业已经告别高增长周期，每个企业都开始寻找和尝试适合自己的生存之道。无论选择哪种模式，对企业的营销部门来说，都要精准了解地块所在的区域，精准判断市场的需求，并做到六个字：拿对地，建对楼。

开发商拿对了地，只是成功了一半，影响销售另一半的是建对楼，即结合当地市场需求，建设符合不同消费者定位的产品。

2. 靠精细化管理达成业绩

房地产行业自身具有超大规模，已经形成复杂的行业生态。但仍有一个问题困扰着所有房地产营销人：未来房地产企业最有价值的营销是什么？

随着房地产行业发展日趋成熟，以及高增长模式的结束，房地产营销已从"电梯"模式切换为"攀岩"模式。

"电梯"模式即一切工作按部就班，想去哪层按哪层，出了故障即维修；"攀岩"模式则需要营销负责人自己寻找落脚点和抓手，艰难向上。

完成项目业绩目标是房地产营销人的第一职责。能帮助新时期房地产营销负责人制胜的就是"攀岩"模式：管理更精准，执行更精细，创意更有挑战性。

图 2-1-4　"攀岩"模式的三个特点

（1）管理更精准

中国买房市场人口已经换代，营销技术与理论在不断变化、增长和迭代。尤其是在互联网全面引领营销技术的时代，营销的精准化程度更高了，比如：

① 通过大数据提供的算法，很多平台能够实现精准推送；

② 依靠优质内容，利用社交和社群管理，实现裂变，为房地产营销找到了新出路；

③ 在营销推广中，受众已经处于主体地位，很多新产品打破了单向传播模式，让更多目标客户参与到传播中来。

但是，许多房地产企业决策层包括营销负责人却仍秉承传统的工作方法，比如依靠一个出色的营销方案去救活一个项目。这么想既是思维上的落伍，又是营销技术的缺乏。

在营销工具、营销模式发生巨大变化的时代，很多房地产企业开始向天猫、喜茶等网红品牌学习，借鉴创新，以便为房地产企业的营销输入新内容，尤其是输入精细化的营销管理。

一个身经百战的营销负责人，面对新市场和企业要求，不是全部颠覆传统工作方法，而是在此基础上，形成新的思维和工作模式。

房地产开发管理链条比较长，从功能和作用来看，营销需要全程介入。房地产营销的精细化管理，会贯穿整个项目从无到有的过程中。房地产营销精细化管理的九大环节包括：

项目定位、销售管理、策划管理、推广方法、渠道管理、客户体验、物料宣介、团队建设、激励制度等营销各个环节的精细化管控。

图 2-1-5　房地产营销精细化管理的九大环节

（2）执行更精细

工作执行的精细度决定营销成果。精细化的执行工作包括四个方面：

① 管理好乙方工作；

② 细分量化的推进计划；

③ 高质量的工作会议；

④ 反复打磨修改的方案。

（3）创意更有挑战性

房地产营销工作需要创意，好的营销创意来自于团队创造力。营销负责人需要迎接的挑战有两点：

① 不忘营销传统，发掘每一个值得被重构的传统营销策略和方法；

② 能承担挑战性创意这个"苦差"。

勤奋永远是制胜关键，做好有备而来的拼命努力。营销负责人练就创造能力，要有两种意志：

① 创新意志，没有创新就会慢慢失去竞争力；

② 生存意志，只有在困难环境中保持生存和制胜的意志，才能让营销负责人最终顶住压力，完成业绩目标。

3. 用大格局做项目营销

做房地产营销经常受困于每月的目标压力和业绩数字，很多案头工作会困在营销—销售—再营销的反复中。

（1）抓大放小

无论营销工作如何细碎和重复，营销负责人的工作重点只有一条：在既定营销推广费率内完成业绩指标。

在完成这一核心目标的过程中，有四项工作易被营销负责人忽略：解读宏观政策；分析行业趋势；关注投资拿地；参与产品策划。

图2-1-6　易被营销负责人忽略的四项工作

以上四项工作是一个逐渐变窄的工作通道。许多营销负责人因为工作无限垂直向下，工作风格变为大事小事一起抓。很多房地产营销负责人在群里指导工作：口号换了很多遍仍觉得不够响亮，标识颜色要再调一下，折页印刷选用哪种纸张……这些琐事严重地降低了营销负责人的工作效率和管理价值。因此，一个称职营销负责人的管理之道便是做到"抓大放小"。

（2）不忘主要责任

营销负责人作为企业高层管理人员，如果时间和精力被特别具体的技术工作消耗，就会抢了属下的工作，也会忘记自己的主要责任。

营销负责人的工作应该集中在三个领域内：

① 建立对房地产格局、经济发展、公司经营的整体认知；

② 掌控项目筹备、产品定位、操盘节奏、营销策略、阶段目标、资源组织搭配；

③ 将房地产的营销工作上升到管理层面。

这是营销负责人必须有的格局。如果在本就狭窄的工作通道（行业环境）中沉迷于技术类层面，那么除了硬刷存在感之外，将一无所获。

 房地产营销负责人的三种趋势研判能力

成功的房地产营销，离不开客观的市场环境。可以说，房地产开发市场每年都要发生巨大的变化。尤其是房地产市场进入存量时代，整个行业的营销出现越来越多的新技术、新工具、新平台，线上、线下营销相结合的趋势也日益明显。把握行业变化,拥抱新趋势是新时代房地产营销负责人非常重要的能力。

1. 市场状态预判

对市场状态有预判是指营销负责人对市场、城市、客户、项目了然于心。参与拿地做出的定位以及找客户做出的定位,是否正确,是否足够专业,一试便知。

2. 客户需求预判

传统营销的价值始于公司核心能力和企业资产。新时期营销的价值是客户,是以客户为中心的思维。这个思维的起点是客户。营销负责人在工作中要思考以下五个问题。

① 客户的需求和偏好是什么?
② 何种方式可以满足客户的需求和偏好?
③ 最适合这种方式的产品和服务是什么?
④ 提供这些产品和服务需要投入什么?
⑤ 使用好这些投入需要什么核心能力?

这些思考最终指向一个问题:我们能为客户带来什么价值?

3. 客户偏好变化预判

(1)研究客户偏好

任何产品或服务的价值都表现为满足某种客户偏好的能力。客户偏好是指客户认为重要的物品,他愿意为之付出溢价。营销只有认识到客户偏好发生的变化,才能按照这种变化创新自己的企业。

(2)制作客户分布图

很多房地产企业的营销部门,都把做市场客户研究分析排在第一位,每个月做很详细的客户分布图分析。按刚需、安居、功能改善、舒适改善、高端改善、资产保值等各类购房需求逐项分析,客户图谱分析做得非常细,每个月更新。有这样一张客户图表,在为新项目拓客时,能为营销部门的工作推进带来帮助。

四 房地产营销的六点新思维

1. 认清团队业务对标

作为一个新时期的营销团队,要从销售技巧到策略铺排开始,在细节和高度上要找到明确的对标竞争楼盘,并根据实际,定期对标总结,全方位超越对方。

2. 认清团队在市场中的价值

团队在市场中的价值包括两个方面：这个团队是否是组织需要的团队；团队是否在市场环境上具备竞争意识和战斗力。

3. 认清个人价值

认清个人价值主要是针对单个的营销人员，需要不断地自问：本人是否是团队需要的角色？本人是否有积极进取的决心并已付诸行动？

4. 一个外展点就是一个销售案场

作为营销负责人，一定要有一个强烈的意识：一个外展点就是一个销售案场。管理者要思路清晰，资源整合调动；销售线要主动出击，不依赖等待市场反馈；策划线条上的人员要驻场支持，对物料、活动持续优化。

5. 决绝的勇气和信念

作为一个营销负责人要知道，新时期的营销，市场上的意向客源已经是"零和博弈"。零和博弈（zero-sum game），也叫零和游戏。从字面理解是"加起来是零"，即竞争的双方中，一方获得收益必然意味着另一方发生了损失。在房地产营销竞争变得更为激烈的情况下，营销负责人要坚定三个信念。

① 从同行手中争夺客源的信念。客户总量是固定的，你的成功就是对手的失误，反之亦然。
② 激活市场购买意愿的信念。就是不断用产品、营销手段深度刺激目标市场。
③ 锁定优质客户的信念。尤其是要锁定那些有经济能力但暂无购买意愿的客户。

6. 管控推广费用

管控营销推广费用不是依靠解约，而是要用一个创意和策划方案，做出比投入资金高几倍的销售效果。这是最好的管控费用思路。营销是充满激情的工作：大胆想，能落实，出效果。

五 房地产营销负责人的能力要求

1. 房地产营销负责人要有的四种能力

① 精细管理、保障执行。精通与预算有关的一切关联性事务。
② 高效沟通、快速协同。做团队管理需要明白：找到人靠组织，找对人靠自己。
③ 简化管理、强化考核。合理使用"重奖、轻罚、高淘汰"原则，建立务实专业的营销团队。

④ 明晰思路、专业规范。思路清晰有创新，计划精准又灵活，执行有力不折腾；管理精细化，支持力度大，勇于探索，及时总结。

2. 树立房地产营销负责人的工作权威

（1）四大手段树立个人威信

① 管理者的经验要经得起考验。客户是谁？在哪里？这个方向判断要准。
② 客群行为轨迹要和团队交待清楚。客户为什么会购买我们的产品？
③ 客群的决策场景要带领团队反复推演。客户为什么总是打动不了？客户还会选择什么产品？
④ 客群的竞品比较逻辑要及时掌握，并调整营销说辞，有针对性地引导客户。

（2）用管理节奏实现全程操盘

营销负责人是项目的全程操盘手。成功操盘手的第一个特征就是不能"等、靠、要"，要把工作按阶段分配好，有清晰的管理节奏，以平稳的方式按计划实现全程操盘。

① 初期工作重点：计划完成率软考核，摸清团队水平。
② 中后期工作重点：业绩指标硬考核，记住慈不掌兵。

（3）做好前期准备

① 业绩目标分解。
② 摸清团队水平。
③ 管理者的标准和团队执行力磨合。
④ 明确激励的筹码。
⑤ 量化所有工作项。
⑥ 只看基础工作完成率。

（4）明确自我要求

① 带领团队"行军打仗"。
② 厘清客户怎么来。
③ 了解客户到访需要什么支持。
④ 清楚客户来了聊什么。
⑤ 推广动作只看转访率，排除其他干扰。
⑥ 所有的投入都是为了到访。

（5）强化精细管理

① 严格执行激励考核，表先进，促后进。
② 出业绩前制定团队优化方案。
③ 成交率是检验团队的核心标准。

④ 团队的状态激励要时刻保持高位水准。

⑤ 拼到最后就是拼成交。

⑥ 结果排名，有表彰，有宣传。

（6）三个管控路径促进业绩达成

表 2-1-2　促进业绩达成的三个管控路径

序号	事项		内容
1	管事		思路清、计划细、盯目标、善协调、高执行、抓过程、保结果
2	管人		塑文化、立决心、树信心、有士气、有状态
3	管日常工作	目标分解	① 按月、周、日，片区分解到组 ② 分组分解到个人 ③ 认购、签约、目标、完成率、差额、排名
		指标考核	① 区域考核片区 ② 片区考核小组 ③ 小组考核个人 ④ 业绩达成 + 事项性工作完成率 ⑤ 拓展客户到访 + 转访成交率
		业绩监控	① 排名公示：团队排名、小组排名、个人排名 ② 排名结果关联岗位调整和年度绩效

第二节
战略能力修炼

　　房地产营销负责人是一个企业的城市级、区域级的营销管理者。营销负责人的营销专业能力、团队管理能力对城市项目、区域业绩的完成非常关键。如果说营销团队是完成企业业绩的战士，那么营销负责人就是这个军团的领军人。营销负责人想打好企业营销这一仗，不但要在营销全盘工作中对市场调研、策略推广、拓客渠道、销售管理、销售案场、销售战术等诸多方面有强大的专业管控能力，更要熟悉企业的运营模式和战略方向。这样才能更好地把握全局，指引前瞻性工作。

 一　两大房地产企业战略类型

　　中国的房地产市场已经进入深度调整期，企业"拿地即赚钱"的年代已经过去。房地产企业回不到做什么项目都好卖的"躺赢"时代了。今天的房地产企业，不但要应对复杂多变的外部环境，还要快速提升内部高效管理。这对房地产企业管理层的组织能力提出了较高要求。

　　购房市场上顾客的成熟度越来越高，尤为关注房地产企业的产品品质和服务。市场已经证明，坚持苦练内功，追求"慢、精、专"的房地产企业，产品口碑和企业信誉已经转为企业最有价值的资产。

　　鉴于市场竞争，年销售额达到千亿元级别的大中型房地产企业开始进行大规模的组织架构调整，一方面通过区域整合与放权，提升组织决策效率；另一方面打造协同高效的职能体系，以便在组织管理层面配合企业大的战略调整。

　　采取红海战略模式和蓝海战略模式的企业，在战略调整中都涉及了对营销部门的优化和升级。

（一）红海战略模式

　　激烈的市场竞争环境，淘汰了一部分不堪竞争重负的中小型房地产企业。另一批现象级的房地产企业，在市场需求增长放缓甚至萎缩的情境下，紧盯竞争对手，走降价竞争的战略路线，为了追求销售效率，可以增加销售成本或减少利润，最终目标是击败对手，获取更大的市场份额。这种战略在欧洲工商管理学院的 W. 钱·金教授和勒妮·莫博涅教授合著的《蓝海战略》一书中首次提出。

1. 红海战略核心

红海战略下的企业管理特征是：在强敌林立的市场环境中抓住企业发展方向，致力于做规模、做品牌、做团队；企业关注自身发展，更关注业内竞争者，目的是在某个业务领域中建立明显的竞争优势。总体来说，红海战略的核心有三点：做规模、做品牌和做团队。

（1）做规模

红海战略下的房地产企业做规模要保证三个领先：

① 土地储备领先，即生产资料领先；

② 年开发建筑面积领先，即生产能力领先；

③ 销售面积、销售金额领先，即营销能力领先。

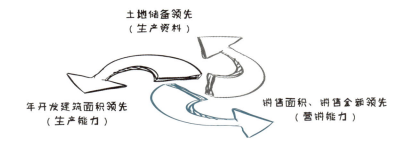

图 2-2-1　房地产企业做规模要保证三个领先

（2）做品牌

房地产企业做品牌，是指在全国布局战略下，实施全国性标准化运营，让企业产品以稳定的形象在各个市场上同步推进。

（3）做团队

企业做团队是红海战略的重要组成部分，有两个执行要点：

① 招聘储备、培养历练大量的优秀人才，为公司未来的发展奠定基础；

② 持续引进充满竞争力和创造力的人才。

2. 营销部门任务

红海战略下的企业营销部门，有三个核心任务：

① 积极为既定客户群体提供更好的服务；

② 把产品及服务价值最大化；

③ 打赢与竞争对手的价格战和性价比竞争。

（二）蓝海战略模式

所谓蓝海战略，意味着未开垦的市场空间、新的需求创造及获得利润高速增长。

图 2-2-2　蓝海战略的三个内容

在蓝海战略中，竞争并不存在，因为还没形成稳定的市场规则。价值创新是蓝海战略的基础，增加客户数量和给企业价值带来飞跃是蓝海战略的目的。企业要开辟一个全新的、非竞争性的市场空间，找到尚未开发的市场需求。蓝海战略中的企业不以竞争对手为标杆，而以内部自我修炼为核心，企业的战略逻辑就是发现需求，做价值创新。

蓝海战略企业如何发现新的市场需求？要实现两个转向：从供给转向需求；从市场竞争转向新需求价值创造。

（1）蓝海战略核心

蓝海战略的核心是面对市场，企业率先行动，提前适应未来市场，用战略领先避开竞争对手，立足于未来，按价值创造完善企业的经营与管理。实施蓝海战略的企业，其建设方向有三个：

① 努力拓展新的非竞争市场空间和领地；

② 思考同行业中的不同战略类型，判断行业、区域及客户的演变趋势；

③ 研究企业之于市场的互补性产品或服务。

（2）营销部门任务

蓝海战略下的营销部门有两个任务：

① 不断积累及丰富所在城市和区域的调研数据和经验；

② 持续不断地为企业开发蓝海战略提供及时有效的数据和市场反馈。

 ## 二　房地产企业跨界经营战略

无论是采取红海战略还是蓝海战略，在实际市场中，很多中小型房地产企业都会实施跨界经营，以分散企业风险，增加新业务增长点和市场支撑。

1. 跨界营销策略

企业进行跨界经营，一定要先摸清楚市场方向，看到市场开拓难度在哪里。房地产企业之所以选择跨界经营，就是为了摆脱现有的经营困局，寻求新的产业延伸，实现企业转型、品牌创新，实现资产持续增值。

（1）四个市场方向

房地产企业做跨界经营，主要看重四个新兴市场方向：工业、文旅、文创、健康（养老/养生）。在这些领域内，很容易找到新的增长点。

（2）两个市场难题

一直以房地产开发为主业的企业，进入这些新的市场领域，将面临两个难题：

① 在上述领域开发新产品，因其行业特点，企业要经历5~8年甚至更长的开发周期；

② 在新领域中做房地产开发的周期很长，会导致销售回款滞后，拉低企业的资产周转率。

对中小型房地产企业而言，工业、文旅、文创、健康领域属于机会型房地产项目，开发前要充分考虑企业能否承受大规模、长周期的持续投入。因为企业做转型或布局新业务求增长，还要避免市场风险带来的损失。

2. 跨界营销任务

在跨界经营的企业里，营销部有两个主要任务。

① 做好针对新领域开发项目考察、学习的计划和预算。新领域是指工业、文旅、文创、健康类地产项目。营销负责人需要提前制定部门的专项技能学习计划，以及可行的实地参观、交流学习计划，并保证申请到充足的预算。

② 细致研究新领域开发项目的案例和各环节实操技巧。掌握新领域技巧离不开研究和学习。营销负责人要安排研究各类新领域的成功案例，研究其产品定位、拓客渠道、营销推广等实操技巧，加强学习和演练，为房地产企业投资此类项目提前做好研究和操作技术储备。

图 2-2-3　跨界经营企业营销部的两大主要任务

高周转模式引发房地产企业战略变革

多年以来,房地产行业一直存在高周转模式和增值模式之分。采取高周转模式的企业,其管理重点不是土地持有,而是快速开发,快进快出,这种模式对开发过程的运营标准化及销售能力要求非常高。在中国市场,大部分房地产企业都采取过高周转模式。高周转的核心是资金的高周转,即房地产企业买地之后,快速开发、快速销售、快速回款以实现企业资金回正。

(一)高周转模式影响企业资金流动和产品品质

企业力争不断提高资金利用效率,在高周转经营中需要采取四个"快速":快速拿地,快速开工,快速销售,快速回笼资金。

图 2-2-4 高周转模式需要采取的四个"快速"

1. 企业用高周转模式快速回款

房地产企业的高周转模式可以追溯到 2010 年。万科地产推行"5986"高周转模式,其内容有四个:①拿地后五个月内即动工;②动工后九个月内销售;③开始销售后第一个月内销售率达到八成;④项目所销售的产品类型有六成是住宅类产品。

万科等房地产企业运用高周转模式创造了前所未有的销售额,2010 年也被行业内称为高业绩和高周转"元年"。碧桂园的高周转被业内称为"456 模式",即拿地后四个月实现开盘,进入销售后五个月实现资金回笼,销售六个月后实现资金再周转。

采用高周转模式的房地产企业越来越多的有两个原因。

(1)房地产金融投资属性

中国房地产的金融属性很强,自 20 世纪 80 年代以来,我国实施金融自由政策,银行货币投放的主要渠道就是信贷。银行信贷和房地产的结合与互动非常紧密。因为房地产企业手上有非常好的信贷抵押品——土地。近几年来，房地产企业的融资环境已发生较大变化，传统融资渠道因为严厉的调控政策而收窄。企业只有增加手中土地的周转速度才能为自身带来更多周转资金。

（2）房地产企业销售排名影响银行贷款信用和额度

如果房地产企业年度销售排名过于靠后，或者根本不在十强、百强的排名榜单内，就很难申请到银行贷款。而高周转模式带来的高杠杆率能在较短时间内扩大业绩销售规模，助力企业进入行业内销售排名榜单。

图 2-2-5　房地产企业采用高周转模式的两个原因

2. 高周转模式有牺牲品质的风险

房地产企业无论选择怎样的运营模式，争取市场的关键还是诚信经营和规范运营。在特定市场条件下，房地产企业可以选择高周转，但如果以牺牲正常项目施工程序和必要的流程、工艺时间为代价，则对企业长远经营的损害非常大。过分追求高周转和高速度，楼盘质量就难以保证，会给企业带来信用和品牌危机。

（二）高周转模式影响企业商业模式构建

房地产企业确定商业模式，首先要求这个模式要具备快速自我复制且竞争对手很难模仿的能力。在今天，房地产的高周转模式不是贬义词，而是逐渐成为中性词。高周转模式可以理解为企业生产提速，是企业规模化、工业化生产方式的需求。经过房地产企业市场实践的不断调整打磨，高周转模式的运营管理风格，几乎被每一个房地产企业接纳和使用，还被赋予了企业自身的独特性。

1. 单项目及多项目高周转模式

企业采取高周转模式的初期，是逐渐从单项目高周转模式发展为多项目高周转模式的。

（1）单项目高周转模式

在单项目高周转模式中，房地产开发企业的特征如下。

① 追求快速销售量。在单项目高周转模式中，企业对影响房地产开发的四个要素，即城市选择、深耕区域、产品类型、客群定位，不需要有长远的发展规划，只要所操作的项目能实现快速销售即

为成功。

② 难以进行品牌扩展。采取单项目高周转模式的房地产企业，非常依赖总部或项目所在城市的关系网络和人才储备，其销售能力和品牌辐射能力较难突破区域市场。

（2）多项目高周转模式

采取多项目高周转模式的房地产开发企业，会表现出以下两个特征。

① 战略发展规划清晰。采用多项目高周转模式，对企业的资金投入要求非常高。这说明企业的融资渠道丰富且成熟，在全国或经济发达区域布局，对城市选择、产品类型、客群定位等已有清晰的战略发展规划。

② 资本回报率提高。多项目高周转让销售回款迅速增加，一个项目的销售回款能成为其他项目的开发资金，如此连贯滚动做项目开发，更能有效提升企业的整体资本回报率。

2. 全产业链模式

高周转模式的回款能力，可以让企业建立更复杂的运营模式，促进企业实现全产业链发展，为企业间竞争建立更高的门槛。

（1）全产业链模式的六个工作环节

全产业链模式是指企业在运营中能同步开启六个环节的工作：前端的产品设计、建筑施工、景观绿化，以及后端的房屋装修，物业服务和酒店经营。

图2-2-6 全产业链模式的六个工作环节

（2）全产业链模式的优势

对房地产企业而言，采取全产业链模式有三个显著优势：
① 快速开工并掌控施工进度，加快资金周转变现速度；
② 节约财务费用和资金利息；
③ 建安成本可控，有助于实现快速开发、快速销售和资金快速回笼，建造"价廉物美"的房子。

3. 全价值链模式

房地产企业建立全价值链模式，是指企业在充足的资金支持下，除开发普通住宅产品外，还涉足商业综合体、联合办公、特色小镇、长租公寓、文旅、养老、代建、物业服务、城市更新等其他各产业及全新领域。领域涵盖住宅、制造业、商业、物业及服务业,甚至金融业。比如中粮、华润这样的房地产企业,本身具备多元业务全价值链发展基础,持续精耕全价值链模式。也就是说,高周转模式为企业带来充足的现金流,而全价值链模式则满足了房地产企业向纵深发展的需求。

(三)高周转模式要求企业高度标准化

高周转模式能在企业内快速形成"势能",即推动企业发展速度。这种模式在短期内对企业内部的运营效率有极高要求,一个必要条件就是管理标准化的落地执行。营销部门标准化建设的内容及要求,是从思想到行动的标准化建设。

表 2-2-1 营销部门标准化建设的内容及要求

序号	管理焦点	管理内容及要求
1	统一思想	老板和高管思想高度统一,坚定地向中基层下达、传播、执行指令
2	制度标准	部门实现定编、定岗、定人,奖罚清晰、激励到位
3	执行标准	对标准化动作有指引、有培训,建立监督与考核,规范量化所有业务工作
4	持续推进	选好试点项目,持续扩大执行范围
5	借助外力	顾问公司、外部讲师、引进人才等多环节形成标准化工作氛围,借鉴其他高周转房地产企业的成败经验
6	持续改进	每个项目结束后,按标准要求调整、复盘,将成功经验逐步推广和复制

四 未来房地产营销重在四个"战场"

未来,房地产开发的行业之争将围绕产品和价值。对营销负责人来说,工作重心要聚焦四个"战场"。

图 2-2-7 营销负责人未来工作重心聚焦四个市场

1. 高周转战场

"高周转就是利润,就是竞争力。"这句话已逐渐成为房地产行业内的共识。从各大财务报表来看，高周转这种产品快销模式，对提高企业抗风险能力的重要性非常突出。在未来很长一段时间里，高周转依然是房地产开发市场的主要模式。

房地产企业要求的资金高速流转，尤其需要营销部门高超的销售能力。只有高销售能力才能够配合企业的高周转模式。一旦销售环节出现问题，就会给企业的资金回流造成不可估量的风险。所以，高周转模式会是所有房地产营销精英必须要血战到底的战场。高周转模式的战场在未来会越来越焦灼，营销负责人唯有保持战斗状态才能生存下去。

2. 存量房战场

如今，中国的房地产市场已经告别供应房短缺，住房趋近于饱和状态，新建房和一手房交易量减少，住宅建设重心从新建住房慢慢过渡到更新、改造、改建和保护既有房屋。房地产销售从原有新房市场转移到存量房市场，市场逐渐进入总量平衡阶段，存量房时代到来。

在存量房市场，房地产企业开始面对五类产品开发：住房改造市场、住房租赁市场、公寓产品市场、配套更新升级项目、拆除重建项目。

图 2-2-8　存量房市场房地产开发面对的 5 类产品

可以看到，存量房市场正由区域化向全国化发展，越来越多的城市出现同一时间段内二手房住宅成交套数超过新建住宅的趋势。这个趋势正在由一线城市向二线城市传递。很快，房地产行业将迎来一个全口径的拐点，存量住宅交易量会超过新增住宅。

存量市场到来意味着中国房地产市场正式进入成熟期，营销阵地和技术手段会面临更多颠覆性改变，营销负责人要及早对存量房营销做出专业和技术应对。

3. 科技智能战场

存量房时代到来，很多房地产企业和机构开始关注存量更新市场，并开始实施。万科、远洋、阳光城等企业纷纷聚焦新材料、新技术的研发和使用。越来越多的房地产企业在产品开发中的三个领域内加大投入：人性化家装、智能化家居和智能化社区提升。这三类投入在房地产豪宅市场中尤为突出。

图 2-2-9　房地产企业产品建设加大投入的三个领域

（1）智能化成为品牌楼盘标配

在考察房地产企业楼盘示范间和样板间时可以看到，智能化已经成为品牌楼盘的标准配置。智能家居系统布置已经在四类产品场景内全面应用：

① 从室外脸部识别小区门禁系统，防盗、消防报警系统，夜间自动照明系统；
② 室内冰箱等电器数据读取功能、下单功能、采购功能；
③ 窗帘感光和环境设置功能；
④ 空调配备感应功能，与业主的生活场景相匹配。

（2）智能化住宅产品成竞争差异

房地产行业从增量房市场转向存量房市场，未来交易会更多集中到居民自有商品房的流通和置换。未来房地产企业追求的不仅是规模，还有产品品质差异性。智能化的住宅产品及小区能对普通住宅产品产生差异性竞争，并与周边竞品和同质化产品区别开来，更好地提高核心竞争力和溢价空间，形成企业开发特色，是提升物业价值的重要手段之一。企业进驻住宅产品的科技和智能战场，一是需要企业的资金实力，二是需要企业提前研发布局的营销战略。

4. 资产价值战场

专业机构调研数据显示，国内有近1.68亿人的租赁群体。其中90后及00后人口占租房人群的78%，74%的年轻人接受租房结婚。如此规模的市场需求，如此多元的价值观念，在"租购并举"策略的推广及影响下，各大房地产企业纷纷视长租公寓为资产价值战场，竞争愈发激烈。国内地产中介行业中的著名企业也逐渐看好长租公寓市场。

统计数据显示，在2020年房地产年度销售排行榜企业中，已有1/3的房地产企业进入长租公寓市场，不但积极推出长租公寓品牌，还把开发出售逐渐转为持有运营。

如今，长租公寓消费者市场出现了三个特点。

① 大量租住客群需要更丰富的产品类型供其选择。
② 租住客群需要多元化高品质的租住服务满足个性化需求。
③ 租住客群对租金价格异常敏感。多样化的供需市场态势,非常考验持有长租公寓企业的营销运营及盈利能力。

已经占领或计划进入这个市场的房地产企业,尤其需要关注长租公寓市场未来将要面临的四个发展方向。

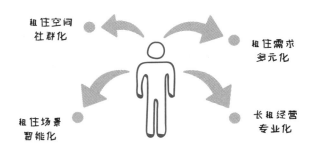

图 2-2-10　长租公寓市场的四个发展方向

（1）租住需求多元化

长租公寓市场新出现了两个动态:①面对需求市场,不断丰富租住市场的生态,比如整租、直租;②不断提供差异化长租产品,将高净值客户的需求转化为企业收益。

房地产开发市场面对规模巨大的租客人群,不断根据收入、职业、居住特征描绘用户画像,营销部门就得到一份不同城市、不同收入、不同工作人群对公寓的不同租住需求,从而制定出适合自己的市场营销策略。

（2）长租经营专业化

长租公寓已经成为房地产企业追求长足稳定发展的专业化竞争新战场。房地产企业围绕新的租住需求,构建完整的服务链条,可以考虑提供如租前搬家、租后保洁、日常维修等新增服务,逐渐构成以投资商、开发商、运营商及服务配套商为主的分工协作模式。这是营销部门做销售推广时必须抓住的客户图谱和盈利渠道的根本原因。

（3）租住场景智能化

引入智能家居系统,如智能窗帘、智能空调、智能红外感应等前沿科技产品,不仅是产品需求的趋势,更是租住价值链延伸的重要方式。智能科技和租住场景结合,是扩展用户品质生活的重要体现。用户习惯了智能化的生活后,会延伸出被市场和企业引导的消费需求。比如,用户想购买一台智能扫地机器人,首先要考虑是否与家里的其他设备及环境兼容。在这种情况下,实施全价值链布局的企业就能独占先机,发挥其领先于其他企业的竞争优势。

（4）租住空间社群化

新兴租住人群的社交需求是未来长租公寓市场竞争的风向标。所有租住场景都要根据价值链做延伸，并作为未来长租公寓战场上应对竞争的手段。从单纯的租房空间需求到多元化前置服务需求，从基础家居生活功能需求到智能化科技产品升级，从单调的租房需求到高归属感的全新生活，长租公寓战场的未来运营还在不断诞生更能满足需求的模式。

总之，未来长租公寓已经成为房地产企业的资产价值竞争市场，无论选择哪种战略模式，企业竞争最终比拼的是盈利能力。在这个业务板块，营销部门的价值集中体现在两个方面。

① 用营销提升企业盈利能力，发挥加速回款的作用。

② 市场可以"养活"的千亿元级房地产企业的数量有限。新增市场与存量市场总量平衡是不可逆的趋势。中型房地产企业没必要把目标盯在冲千亿元销售额上，可以从自身盈利优势出发，在投资商、开发商、运营商、服务商的角色中精攻其一，走差异化竞争的路线。

第三节
内部博弈能力修炼

房地产营销是一门综合的艺术。营销人要具有更开阔的视野、最具创新的精神,以及与时俱进的互联网思维。如今的房地产营销工作日趋同质化,房地产营销负责人想要在岗位上获得成就,还需要做出更大的提升和突破。

 一　突破三大关口

在现实的工作管理中,利弊清晰、可以让人当机立断的问题少之又少,需要营销负责人处理的工作问题,很多时候都处于对错不清、黑白难辨的"灰色地带"。

一个营销负责人,所负责的区域越广、盘量越多,这种"灰色地带"就会不断叠加。处理灰色地带的复杂性在于常规判断难以奏效,没有标准答案,企业决策层要通过问题处理过程检验营销负责人的管理能力、协调能力和决断能力。

营销负责人在处理"灰色地带"时的表现,决定了营销负责人处理问题的手段,以及能获得决策层多大程度的支持。此时的营销负责人需要突破三个关口。

1. 信任关口

房地产企业的营销负责人,在工作中除了面对企业老板和总裁级决策层,还有很多横向同级别部门负责人、团队主管,一起配合或协同营销部门工作。

房地产企业营销负责人在处理"灰色地带"时依赖三种能力:自己的直觉,过往的市场经验,基于个人能力甚至偏好的专业判断。

这些判断决策方法,如果不能像解决技术问题和用数据推演法做决策那样,有充分且具体的依据,就难免会使周围人产生质疑。营销负责人在这个时候,一定要以积极的心态应对,不要让信任质疑演化成信任危机,影响工作推进甚至职场前途。

2. 企业权力制度关口

营销负责人虽然是房地产企业营销岗位中的重要管理者,但是却有一个尴尬之处:既需要为业绩结果负责,在流程审批环节中又缺少相应的权力。工作方式如果引发企业内部的质疑,导致的结果与每个房地产企业内部的权力职能设计有关。

营销负责人在推进工作时,要洞察到两件事:

① 企业现有制度的权力设计及背后的管理目的;
② 自己推进和完成一件事情,需要哪些权力的支持,每个环节的工作执行尺度如何掌握。

这两件事影响和制约着营销负责人的决策过程和决策策略。

3. 专业能力关口

在非常依赖现金流和营销指标完成度的房地产企业中,营销工作的流程、方法、进度以及结果,会受到企业上上下下的关注。营销负责人的日常工作,离不开大大小小的内外部宣讲、介绍、汇报。为了顺利完成每个环节的工作推进,拿到资源支持和领导审批,营销负责人需要抓住以下四个工作要点。

① 强化领导者印象分。让企业决策层认可自己的专业技能,获得管理层的广泛认可和好评。
② 放大工作成果。适当包装工作管理。
③ 统筹工作有序。结合多条线思考后输出指导意见。
④ 体现个人技能和专业度。在工作汇报和营销例会中保持专业度,体现高超的营销技术能力。

图 2-3-1　营销负责人日常工作的四个要点

 内部博弈的四个策略

房地产营销人在职场经常会遇到新人,判断这个人在企业组织中的地位需要借助三类信息:

① 名片上的姓名和职位;
② 所属部门的组织架构;
③ 办公室的位置区域和面积大小。

最容易得出判断的一点是,这个人在企业内部的签字权和流程终审权如何。

依据房地产企业的常规管理流程,一份企业文件在公示和下发前,需要多个部门、多个岗位的负责人签字确认,这类签字有三个功能:

① 流程会签；
② 流转会审；
③ 明确本件工作的发起部门、领导者、责任人、最终批示人。

对管理者来说，拥有哪些文件流程终审权意味着哪些事可以由自己做主。

近年来，很多发展壮大起来的房地产企业，开始花重金请专业咨询公司做组织授权系统改进，目的就是增加权力的平衡、制衡，提高决策的效率和安全度，不断提高企业内的能力演化。

不可忽视的是，大量中小房地产企业内依然遵循传统的组织权力法则。通过社会招聘进入组织体系的管理者的签字权限非常小。营销负责人想增加工作管理权力，需要自己去争取。

（一）获得决策层支持

营销负责人是一切企业营销资源的管理者、分配者和使用者。这个角色的价值体现在客户需求和公司需求的交集上，只有得到企业决策层的理解与支持，才能把这个交集有效扩大，为营销工作的开展和推进取得更大空间。

企业决策层位于企业高层，是企业战略管控者，对营销这类执行性强的业务，多采取置身事外的态度。他们通过业绩数据来考核和评判营销负责人的能力。营销负责人需要"折腾"出一些动静和结果，才能吸引决策层关注。

要在企业内部博弈中获得成功，营销负责人需要有足够的燃料，点燃你的领导，点燃你的同事，点燃你的团队，点燃你自己，实现四个"让"：

① 让领导深度"参与"你的方案；
② 让同事共同"创造"完美的客户体验；
③ 让团队在战斗中"提升"执行能力；
④ 让自己持续"完成"自己的计划。

图 2-3-2　成功的营销负责人用工作点燃四类人

（二）准确了解上一级领导者

了解领导者是营销负责人最重要的一课。企业优秀的领导者（决策层）是营销负责人职场航行中的灯塔，值得花心思去追随。

1. 选择最优秀的领导者合作

在一个企业组织体系里，职位再高的领导者，也会有上级，也需承担一定的责任，也有自己的责任边界。这个责任边界是工作中的敏感地带。对掌控权力的领导者来说，管理权行使久了，容易忘记边界，产生的混乱和越权常给营销部门带来损失和混乱。美国商界有句名言："如果你不能战胜对手，就加入到他们中间去。"这句话也该可以说得更直接一点："如果不能击败对手，就想办法加入他们。"

2. 洞察领导者的免责边界

作为营销负责人，只有知道上级领导的免责边界，才能找到领导者的"燃点"在哪里。
作为下属，和领导工作时要做到两点：
① 知晓上级领导的免责边界，以便理解领导者的工作重心，不给领导制造需要越权处理的事；
② 知道工作中一旦发生责任事故和失职，领导会面临哪些责罚。
懂得这一点，就会明白两件事：
① 领导为什么会对一些看起来微不足道的事情较真儿；
② 知道有哪些事要第一时间冲在前面，全力以赴地完成，不能办砸，否则，会因为失职或表现不得力，给企业造成损失，领导就有被免职的风险。

3. 清楚什么是工作中的"大事"

客户的需求永远是房地产企业营销部门的头等大事。但是，房地产企业的系统化生产机器一旦启动，产品规格、属性以及产品形式就已经确定，生产出来的产品也基本确定。它注定无法百分百满足客户的全部需求。
产品面市后，对房地产企业营销负责人而言，有两件重要的工作。
① 打造团队。营销负责人要有能力打造出一支专心解决产品销售"大问题"的团队。
② 提升产品市场匹配度。充分了解管辖区域客户的真实需求，提高产品与真实需求之间的匹配度，把"业绩增长"转化成可量化的团队执行力。
一个房地产营销负责人，尤其是新到任的营销负责人，只有做好企业以上两件重要工作，才能成为让企业决策层委以重任和赋予权力的人，成为企业管理高层中的局内人。

图 2-3-3　产品面市后营销负责人的两件重要工作

4. 像投资者一样思考和行事

从企业组织架构来看，企业年度预算中各类费用的使用和分配，营销负责人不是审批的终审角色，一个房地产项目的营销费率（即预算）多少合适，营销负责人只能得到最后结果，基本无权参与论证。有些房地产企业的营销费用一个月或两个月上报一次，项目管理者和区域集团通过多年及多轮磨合，相互间早已达成费用削减的共识：一个项目的营销推广方案最终要被削减。

在这种境况下，营销负责人想获得决策层支持，就要解决好三个问题。

① 制约因素。深刻理解企业营销投入的意义，清楚营销工作的制约因素，运用最强有力的营销手段让企业投入变为最终的销售业绩。

② 目标承诺。营销负责人的工作之一是组织有利于产品销售的营销方案。这时要勇于对自己提出的方案、费用结果和市场效果做出目标化承诺，有承诺才能有目标，有业绩结果。

③ 领导者目标。集中火力突破营销预算掣肘，在营销费用不变的情况下，策划出影响力持久深远的营销事件，推进销售目标百分百实现，让决策层感受到你的思考和行事能力和他们的期望目标一致。这样就容易获得他们的支持。

图 2-3-4　营销负责人获得决策层支持要解决的三个问题

（三）获得同级管理者认可

在一个房地产企业的组织机构中，与营销负责人平级的职位有很多：运营负责人、财务负责人、项目负责人、工程负责人、物业负责人、人力负责人。

对新任营销负责人来说，这些平级同事，在企业工作的时间长，资历老，关系多，要获得他们的认同和配合，有三个经营方向。

1. 处理三种关系

（1）上级

尽可能快速融入企业管理圈子，获得企业高级管理者的了解和接纳。每个企业都有自己独特的文化，融入企业首先是融入企业文化。比如，参考企业领导者的着装风格、配饰、会议交流风格等，尽快与本公司领导层在工作形式和品位上保持趋同，尤其是出席大型及重要的商务会议时，要能表现出自己是企业领导层中的一员。

（2）平级和下级

短时间内获得协同部门的配合和支持，提升横向部门的配合力度。多和同事交流，了解其家庭、子女、籍贯情况，以及跑步、健身等喜好，对团队同事的生活背景和习惯了解要转化为能融入团队的话题。

（3）企业高管

在企业内部重要场合亮相，要有充分的准备和良好的表现。比如出席高管会，这是检验新入职或新晋高级管理是否真正获得高层领导团队认可的绝佳平台。企业高管会上，大家会提早入座等待老板，不要小看等待老板的这 5～10 分钟时间。这段时间就是微妙的企业人际关系黏合剂：闲聊的话题能否接得上，闲聊时候是否有人忽略你，高管会上受到领导批评时是否有同座人主动挺你一把。这些对营销负责人来说是重要的信号，关系到日后内部工作的资源利用和方法改进。

2. 建立业绩共生体

在房地产企业内部，销售是核心。任何一个部门的工作都围绕销售展开，都和营销相关联，都能影响营销工作的进展，这是行业特点。运营负责人、财务负责人、项目负责人、工程负责人、物业负责人、人力负责人，他们的工作绩效不由营销负责人评价，但营销负责人一定要在不同的环境和组织中，搭建以营销为中心的业绩共生体。这是在一个组织里取得更好业绩的基本思维。这些人最终是营销工作中的协作者还是障碍，都由营销负责人的情商和智商决定。

3. 创造完美的客户体验

和各个部门领导者及同事形成业绩共生体最快的方法就是建立一个共同的目标，这个目标就是：创造完美的客户体验。

（1）用业绩共同体去团结各个部门的人

对房地产企业来说，所有部门负责人都有各自的工作风格、工作节奏、工作习惯，但一个宗旨始终不变：一切以营销为重，一切工作由营销牵头。什么目标能把所有不同职责的部门团结在一起？就是企业共同创造的完美客户体验。这个目标也可以充分减缓组织中各位负责人对营销工作的避让和对立情绪。

（2）推进达成"业绩共同体"共识

营销负责人要在房地产行业里找到具体的对标竞争楼盘，组织企业中的各个部门负责人去参观、学习、交流，达成对标、超越竞争楼盘的客户体验水准的共识；目标是企业的认同，共同建立一致的目标。完成这些准备工作后，营销部门再启动和推进具体工作就会变得非常顺利。

（四）按七个方向打造团队

营销负责人每年都背着巨大的销售压力，每年都要过关斩将完成销售指标。一旦销售业绩不达标，随时会被上级领导者撤下，或主动辞职离去。这就是为什么房地产企业人事更迭最快的往往就是营销负责人。

营销负责人新上任，最大的工作难题便是管理团队，因为自己来到一个新的区域，团队往往已经存在，营销负责人要"点燃"自己的同事，和自己勠力同心，也是困难重重。

① 了解即将接手的团队战斗力如何。优秀的团队才有点燃的价值，点燃实力不济的团队，反馈出来的只有响亮整齐的口号。

② 营销负责人要牢记身上背负的业绩。整合团队能力第一，不任人唯亲，保证团队专业规范。

1. 善于沟通

营销负责人的价值体现在客户需求和公司需求的交集圈，合理配置团队人员有利于销售的"价值区"。

尽管很多营销负责人身经百战，可是，每年遇到的市场状态、企业现状和产品趋势都是新的。不同环境境遇需要不同的概念、不同的思维、不同的营销主题和行事风格。

① 在内部沟通中，不断使用客户语言和商业语言去灌输新的概念，让营销部门每年形式多变的营销手段获得企业的认可和支持。

② 掌握成熟的沟通技巧，能随时随地与同事在思想上达成一致，为共同的目标努力奋斗。

③ 尝试在文化允许的范围内，发起主题化"行动"，通过具体的行动引导，达成与整个公司融合的目的。

2. 建立团队文化

当营销部根据一个企业目标发起一个销售行动主题时，在企业内部成员中会有不同的反应，营销负责人要认真观察这些反应，以调整部门的行动方案。

表 2-3-1　企业内部成员反应测试

问题焦点	问题反应
事实真相	企业领导对企业目标的解读是什么，是否对营销部门的行动很在意
内心感觉	企业成员对这次主题行动的感觉如何，每个人是否和自己感觉一致
过往惯例	企业成员认为怎样做更好，如何激励团队成员突破原有标准，更上一层楼
预想评估	企业成员认为这类行动最终会带来什么样的结果

以上这四点反馈和测试，最终会共同构成一种复杂、鲜活、立体的团队文化。营销负责人要关注这种文化，但也无需一味迎合。无论团队文化状态如何，都要牢记业绩共同体——创造完美的客户体验。这才是营销最终需要的结果。

3. 有专业技术

大量的营销团队是因为一个项目或一个区域市场而存在，健全成熟的营销团队除了需要时间的磨合，还要有前瞻性的组合。营销负责人对未来已知或未知的困难要有明确的各项筹备。建立全面专业的团队可以从以下八个方面入手：①战略；②战术；③定位；④产品创新；⑤营销策略与促销管理；⑥客户挖掘；⑦客户维护；⑧媒体铺排（线上广告、线下活动、新媒体、自媒体）。

4. 管理规范

团队组建完毕后，即面临诸多具体的管理工作。营销负责人要在团队内明确角色、明确分工、明确奖罚，才能带着新团队逐渐走上正轨。

图 2-3-5　营销负责人规范管理团队的三个原则

（1）清楚团队工作细节

营销负责人在建立新营销团队之初，要先解决两大问题。

① 团队成员知道自己在做什么，但不清楚团队其他人在做什么。

② 营销负责人知道每个成员该做什么，但不清楚具体怎么做。比如组织一个开盘方案，会有多少团队成员参与其中，他们之间如何分工。

（2）学会取长补短

营销负责人搭建团队时要正视自己的长项和短板，学会取长补短。比如，如果营销负责人自身销售功力强，就要尊重策划团队的实施计划；如果自身策略功力强，就要信任销售团队的执行计划。

（3）鼓励和禁止相结合

组建高效且作战能力强的团队，需要一个团队有正能量。营销负责人要明确提倡发扬的风气，也要明确禁止的行为。

① 明确团队一两项最核心的营销技能，既符合企业文化要求，关键时候又能为营销部门建功立业。

② 明确团队需要哪种特殊人格。做营销工作，人是最宝贵的财富，一个团队要有推进目标实现的人格气质。

③ 明确禁止团队内"不被接受"的人格特质和性格态度。团队有严明的纪律，才能有所为、有所不为，才能公平、公正。

5. 使命感清晰

房地产开发企业多采取内部梯队培养和社会招聘两种渠道结合，实现营销团队的多样化。多样化的团队既能提高营销应战能力，也能保障营销负责人履行责任和职业发展。

"收到""使命必达"这两句是团队回复营销负责人最常用的话语。因为这两句是感性、表决心的口号，输出这两句口号既可以营造领导为上、目标第一的士气，又可以坚定团队的目标和决心。

建立团队的使命感，营销负责人必须做好以下两项工作。

（1）目标具体化

营销团队的使命是不断扩大客户需求和企业需求的交集圈。把营销使命转变为企业内部人人明白的目标，就是"口号"。

（2）团队价值感

一个有忧患意识的营销负责人，必须时刻提醒自己和团队，强大的填"坑"力是营销团队存在的根基。所谓的"坑"就是工作中的难题，没有"坑"就没有建立营销团队的价值，没有从"坑"里爬出来的能力，营销团队的工作就没有市场竞争价值。

表 2-3-2　不同市场情况企业对营销的评价标准

市场情况	企业视角	企业态度
行情好、市场好、产品好	高层决策层视角	① 营销团队就是执行流水线 ② 客户排队买房，做好常规接待 ③ 营销工作没有技术含量
	营销团队视角	① 自行放大团队努力的功效 ② 业绩是团队努力创造出来的，不是靠运气
行情差、市场差、产品差	高层决策层视角	营销团队要在逆市环境下花小钱、办大事
	营销团队视角	业绩不佳是因为市场状况糟糕造成的

6. 市场敏锐度和职业操守

营销工作如同跳棋游戏，想要胜利不仅要让自己的棋子跳过去，还要阻止对方的棋子跳过来。也就是说，营销团队除了做好企业内部执行工作，还要能全员向外看，认真研究竞争对手，研究竞争对手的各种营销动作，不断提高市场敏锐度。

（1）市场敏锐度训练

训练营销团队的市场敏锐度，有六个要点：盯住竞争企业的产品，尊重市场，盯住客户，心存周期，不盲目自信，理性乐观。

图 2-3-6　营销团队市场敏锐度训练六要点

营销负责人要时刻提醒团队，市场上一个时段内的客户量是有限的，不会因为谁的努力多一点总量就能增加。尤其是三四线城市，客户生长周期数值相对恒定，不会因为市场运作积极成长周期就缩短。

（2）有职业操守

营销团队要经常做广告，包装产品，容易滋生名不副实的职业病。销售业绩实现不代表营销工作完善到位。我们常看到营销团队，全员每天都很忙却不见客户到访，这就是营销工作方法出了问题。

营销团队绝不能做四类有违职业操守的事：违规夸大产品信息；敷衍踩盘和客户外拓；用所谓的"套路"鼓动客户交付定金；和房地产企业内部人员联合起来炒卖房产，夸大项目利好，随意编造市场数据。

营销环节中各种违规行为容易生出很难善后的问题，违背行业规矩和运作操守是营销人的短视行为，属于企业和团队自断后路。

7. 有信任有自信

建立营销负责人和团队之间的信任需要专业性和熟识度，再加一条，就是自信。

团队期待的领导者，既能领导主体工作又能带动团队取得业绩。营销负责人要让团队信任你的专业和能力，有方法搞定各种难题，最终为整个团队带来利益。

（1）做团队期待的领导者

做团队期待的领导者，需要做好四件事：
① 为下属设定清晰的绩效标准和目标；
② 确保管理机制能够激发有效的行为；
③ 简化会议；
④ 经常进行庆功这样的团建活动。

（2）做有担当的领导者

① 能承担责任。团队觉得能"跟着你走"。
② 能赢得资源和利益。团队觉得你能实现目标。
③ 能当"恶人"。为团队承受各方面的压力、困难甚至责罚，团队觉得你可以抗"雷"。

三 效能管理的三个方法

营销负责人是房地产企业所有营销资源的管理者，是所有营销目标业绩的第一责任人。推进营销效能管理仅靠职务权力远远不够，还有三个条件缺一不可：决策层支持、横向部门领导协同、营销团队执行力。

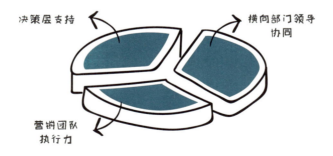

图 2-3-7 营销效能管理需要的三个条件

房地产开发企业的管理体现在五个维度上：计划、组织、指挥、协调、控制。核心是对三类对象的管理：① 对物的管理；② 对人的管理；③ 对信息资源的管理。

在面对这三类管理对象时，管人始终是核心。因为销售目标的达成要靠强大的团队效能，需要利用人和人性两个因素，营销负责人管理的核心任务要始终围绕激发团队成员的潜能展开。

（一）激发团队潜能

只有激发出团队潜能，才能带出一个能打胜仗、实现目标的团队。

1. 设定长期和短期目标

管理企业的年度目标和愿景目标，最直观、最常见的管理手段是设置口号。比如"一个月售罄，实现三亿元目标""客户没想到，我们能做到"等。

但是，营销负责人在设定营销口号目标时应注意三点：

① 按照不同的营销阶段，从小目标入手找口号，设置能影响实际战斗力的口号；
② 对应业务具体要求和业务现状，口号越具体越详细、越具备执行性，就越容易成功；
③ 口号生动易传播，以增加团队目标感和凝聚力。

2. 驻守一线，善待团队

营销负责人做效能管理，一定要下沉到一线案场。只有走进案场，才能更了解销售状况。有以下两个基本要求。

① 走出办公室，多驻守销售一线岗位，在实战中统领工作。营销负责人既要沉稳地在后方领导全局工作，又要听得见一线的"炮火声"。"冲锋"团队随时随地看得见自己的领导，就会斗志倍增。
② 保证团队团结。换位思考，善待团队，容下工作的细微差错和摩擦产生的抱怨。

3. 收集研究市场数据

营销负责人面对的永远是变化莫测的市场。关注市场信息是基本的职业素养和习惯。只有具备决策能力和目标感的人才能当好领导者。这两样能力，都来自长期持续地做房地产研究，不断地研究市场。

房地产市场研究包括三项内容：研究客户特征，研究产品属性和价值点，研究营销方法策略、传播手段和传播概念。

图 2-3-8　房地产市场研究包括三项内容

具体要做到两点。

① 决策科学准确。布置和安排房地产营销中的重要节点事项，需要提前收集市场信息，做好充分准备，为决策和选择提供市场依据。

② 目标清晰、坚定。一个坚定的营销领导者，除了坚韧的信念还要有清晰的工作方法和路径，不管环境如何凶险和艰难，目标始终是完成营销业绩。

4. 推进信息系统化管理

信息管控是管理学中的核心要素，也是房地产企业营销工作管理的重点。对市场化的企业来说，和竞争对手间信息不平等是制胜和领先的原因之一。营销负责人建立和完善企业信息系统化管理要做到两点：

① 规范业务环节的信息传达渠道和反馈机制；

② 开展信息化平台建设，在营销团队中设立专人收集和分析信息数据，让信息系统成为企业决策最有价值的支持。

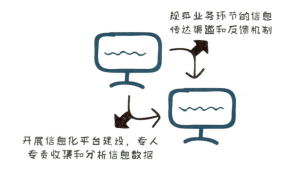

图 2-3-9　推进信息系统化管理的方向和办法

5. 建立工作标准化制度

房地产项目销售需要科学化管理，科学化管理有两个特点：可模仿、可复制。实现管理复制的前提是标准化，标准化是营销的效能保障。

销售案场标准化管理包含四个方面：①案场基本规范；② 销售数据管控；③客户满意度管理；④案场环境、人员形象、行为规范、服务礼仪、接待流程的规范。

统一的执行标准是高效推进工作的基础保障，营销负责人要学习并应用标准化的工作方式。

（二）增加团队专业度管理

管理房地产项目的营销业绩，营销负责人需要把要求指标、压力、责任分解到每个人，在内部建立专业化的分工，针对不同层级的营销人，制定立体化的考评机制。

1. 团队专业化分工

麦德奇和布朗在《大数据营销定位客户》一书中指出，分析工具无时无刻不在演进，今天的营销分析团队分工越来越技术化。今后会出现两类分析专业人才，一类是知道下图营销研究分析工具表中一个或多个内容，另一类可能只精通某一部分内容，但能理解其他所有分析的风格。

表 2-3-3 营销研究专业分析工具

事项	详情
企业策划	制定并分配预算
	业务场景开发
	情境策划
360 度测量与汇报	绩效报告
	实践仪表盘
网络媒体分析	锁定网络行为，锁定目标
	社交媒体分析
	网络媒体分析
	搜索分析
网页分析	网站报告
	网络测试与优化
设定目标	分类
	预测模型
计量经济学模型	测量活动表现
	营销组合测量
	媒体营销
定量研究	追踪研究
	网络研究

关注渠道人才发展，要设置良好的发展路径和通道。具体策略有两个：
① 搭建渠道内部发展晋升机制；
② 打通销售、策划、市场等各类端口，为员工提供更广阔的发展平台。

关于团队专业化分工，营销负责人需要有四个方面的魄力和手段：
① 事先厘清团队划分是为职责工作还是为阶段性目标工作；
② 做团队专业分工不要固化团队及个人工作内容，比如，销售和策划之间可按照需求轮岗；
③ 深度了解和理解每个岗位的工作难度，打通部门壁垒，训练员工的全局思维方式；
④ 随时为阶段性任务组建工作组，不断强化全员的领导力意识和独当一面的能力。

2. 搭建营销管控平台

搭建营销管控平台，先要完善管理架构。一般的房地产企业架构可以分为两类：

① "城市公司—区域公司—集团总部"的三级管控模式；
② "城市公司—集团总部"的二级管控模式。

房地产企业管理日趋规范化，房地产企业的决策层和股东，必然追求降低管理成本，减少决策环节，追求明晰权责关系的模式。三级管控模式会让决策者束缚手脚，即降低效率又增加管理成本。未来的房地产企业更倾向于选择二级管控模式。

（1）职能分级

营销负责人可以从团队中臻选出优秀人才参加决策商讨，不要搞一言堂，要包容团队内的不同意见，这样才能激活平台。

（2）团队招募

营销部招募团队除了使用企业的常规招聘平台，还要不断管理和优化企业的招聘流程。

① 打开各种招聘通路。如校园、网络、朋友圈推荐等。每一条通路都要设定好操作机制，确保招聘效果和效率。

② 企业人力系统的界面要友好，效率较高。面试筛选优质人才时，要简化录用手续和时间，发布充满诚意的录取通知。发出录取通知后，要协助推进人力部门的效率，保证一周左右即可办理好入职手续，让企业在人力资源市场获得良好口碑。

（3）团队帮扶

营销负责人要全面了解各城市的项目情况和团队结构，及时判断区域项目团队的真实战斗力。

对人才相对匮乏和实力偏弱区域的团队，要制定系统性的帮扶计划：

① 组建集团精英小队，对滞销、疑难项目重点进行针对性帮扶；

② 帮扶动作要前置，有预警机制，提前防控和部署，不要等项目出了问题再行动，否则会造成无法挽回的损失。

3. 制作专业市场分析报告

一个高效的营销负责人能精细化管控项目。一个房地产项目需要营销全程介入。首先要从房地产投拓（投资拓展）阶段，即拿地环节开始，就要按三个阶段展开研究，即前期工作（地块分析）、中期工作（市场调研）、长期工作（区域城市发展规划），规划营销工作。

图 2-3-10　房地产全程开发中营销部介入的三个阶段

（1）地块分析

无论是房地产总部公司，还是城市级公司或是企业营销部，都必须有地块储备才能做项目开发，团队才有存在的空间。

营销在整个房地产开发过程中，要介入的环节非常多。首先开始的是房地产企业投拓阶段，即房地产企业参拍土地前的阶段。在这个阶段中，房地产营销部要做三类分析报告：土地价值、产品定位、销售空间。

图 2-3-11　营销部在拿地前要做的三类报告

（2）市场调研

在房地产企业投拓阶段前要做本地市场调研，以便掌握本地段四类翔实的市场数据：地缘客群、城市客群、辐射客群的置业需求，以及各户型产品的去化周期数据。以上数据是房地产企业成功选择地块的重要决策依据。

（3）区域城市发展规划

从长远发展来看，房地产企业营销部主要负责市场研究任务，需要在项目操作开始之前做足城市市场研究，为企业源源不断地提供市场报告。城市市场研究的内容包括三类：城市发展趋势研究、城市人口变化研究、市场竞争格局研究。只有做好城市市场研究，才能让营销部真正为城市公司拿对地、拿好地，为企业长期发展不断提供有价值的战略决策依据。

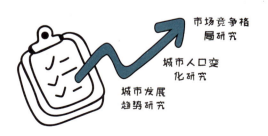

图 2-3-12　城市市场研究的三类内容

4. 参与产品规划

房地产企业的产品规划，是决定企业市场竞争力的重要一环。企业要提升自身的竞争力，就必须有足够顺应或引领市场的产品定位，而好的产品定位是由营销部出具的专业市场报告的精准度决定的。

表 2-3-4　产品规划环节的市场研究内容

序号	研究板块	研究内容
1	地段资源	交通、环境
2	景观资源	自然景观、项目景观
3	市场发展	品牌房地产开发企业占有率、城市年销售量
4	人口、就业、收入	出生率、二胎率、就业环境、工资收入
5	企业需求	现金流、高溢价、市场占有率
6	规划条件	容积率、绿化、车位、商业
7	附加值	面积赠送、外立面、园林、地下车库、单元大堂
8	户型配比	户型、面积、总价
9	物业收费	明显高于竞品、适中、低价策略

（1）提升产品市场竞争力

营销部的团队效能，要体现在提升企业产品市场竞争力上，要在产品发展定位阶段就投入工作。因此营销负责人要做到三件事：

① 让项目拥有市场话语权。房地产开发项目对标一定是本区域内的标杆楼盘项目。争取本地市场，一定要通过深耕细作实现优质板块垄断，产品规划和卖点能跟上城市战略发展布局。

② 产品要能挑战市场。挑战市场需要借助强势推广和清晰的定位去超越竞争楼盘。如果产品与竞争楼盘价格相近，交付条件就要有较高附加值。

③ 产品能弥补本区域的市场空缺。产品若能弥补市场空缺，就需要在规划产品前做充分的市场调研，找到和竞争对手的差异，用产品定位补位竞争。

（2）加强体验营销

对房地产企业的营销部门来说，在产品定位和规划结束后再去提升产品的竞争力，要通过体验营销从三个环节着手实施。

① 施工进度环节。保证供货节奏合理，避免同期激烈竞争。力争领先竞争楼盘的施工进度，提前申领预售许可证，最好能实现提前开盘。

② 建设示范区和样板间环节。示范区和样板间是重要的体验营销环节。样板间设置要跳出同质化竞争，突破传统软装公司的设计风格和布景，打造高颜值示范区和主题式样板间，增设品牌体验馆，营造优于竞品的环境体验。

特别应注意配置当今潮流居家空间或数码产品设备。尤其是小主题空间营造，比如书房区、健身区、喝茶休闲区、家庭观影区、种植空间等特别能迎合现代人的生活主题，做到领先和有创意。

③ 交付物业服务环节。房地产项目销售的链条特别长，要经过房屋销售签约、房屋交付、业主入住后，完成各个环节多个服务链条。项目销售完毕后，即进入物业管理阶段，进入与业主建立紧密连接的阶段，此时营销工作并没有结束。

（3）物业服务要跟上

物业交付业主后，为了维护品牌和市场客户口碑，房地产开发企业还要做好五件事：
① 不断完善公共空间的服务；
② 运营社区生活的内容；
③ 孵化培育社群文化；
④ 为业主提供全周期的服务体验；
⑤ 不断通过服务和社区文化培养品牌忠诚度。

5. 建立营销标准化

房地产企业营销管理的标准化，需要内部在工作推进过程中建立严格规范的流程，需要制定流程，建立制度，明确规范，并严格执行。在标准化过程中，还要不断地巡查纠偏、校准提升，以便让标准化不成为效能管理的桎梏。

表 2-3-5　营销标准化管理的内容

序号	管理对象	管理内容
1	管理价格	定价、货值、优惠促销价格
2	管理销售任务	月度、季度、年度、阶段性
3	管理产品货量	供货节点、货量组织
4	管理费用	月度至全年、阶段至全周期、审批流程、报销流程
5	管理营销策略	整体、入市、定价、开盘、渠道、媒体、活动
6	管理团队	招聘、晋升、加薪、梯队培养
7	管理佣金	计提标准（自销、代理、分销）、激励方案
8	管理营销环境品质提升	对标竞品，增添新元素，品质体验从人的感官角度（眼、耳、鼻、舌、身心）全面提升

（三）用科学方法管理自己

营销负责人要坚持用专业能力发展和武装自己。只有技术、视野、实操能力样样俱全的营销负责人，才能在紧要环节，从全局视角思考，均衡各方利益，做出正确且有价值的决策。

房地产销售工作，非常容易遭遇挫折、失败，容易遭遇费用限制或来自政府政策方面的阻力，是工作压力最大的环节之一。房地产营销负责人在自我修炼上，要努力成为一个有智慧的人，做到内外兼修。

中国大哲学家王阳明著名的龙场悟道，其核心是八个字"此心俱足，不假外求"。意思是说，人所要的一切,心中本来就全都有,不必向外追求,向外追求本身就是一种虚妄。这就是著名的"王阳明时刻"。每个人都会在人生的某一个时刻感悟到"王阳明时刻",或大或小、或深或浅。营销负责人的内外修炼,就是要完成从"向外求"到"向内求"的重要转变。外因有很多不可确定乃至不可改变的因素,从内心去求平衡、求和解,对营销负责人来说,是和专业能力同等重要的能力。

营销负责人,要从开启自己的"王阳明时刻"做起,用科学的方式管理工作。

1. 解决具体问题

房地产开发业务的链条特别长,各个部门需要协作、沟通、请示及审批的工作非常多。很多企业的营销会议,无论是由企业(集团或区域)发起,还是由营销负责人发起,时间常常都会超过三四个小时,甚至从早上开到晚上也是常有的事。但是,这类会议很多时候都是无效会议,降低了整个营销部门的工作效率。

(1)科学管理时间

从事营销工作的人,尤其需要科学管理时间。管理时间的本质,是将有限的工作时间进行分类,对工作价值做有效排序的过程。目的是为了保证营销部门对时间的主导地位,解决营销工作中的具体问题。

方法主要有四个:有效推动业务;多发起有效会议;不主动发起或减少被动参与的无效会议;多使用公司内部流程管理工具,比如用邮件或微信群来沟通工作和下达命令。

图 2-3-13 科学管理时间解决实际问题的方法

(2)处理实际挑战

营销负责人的工作核心不仅是解决工作计划和想象中的问题,更重要的是处理实际工作中的挑战,具备"躬身入局"的实践能力。"躬身入局"是指鼓起勇气把自己放进去,发现问题,抓住主要矛盾,把自己变成解决问题的关键变量,成为一个"做事的人",而不是只能在会议上发出指令或者在幕后指点江山的人。

2. 把分析转为见解

营销负责人是房地产企业里最了解客户、市场和项目所在城市的人。营销负责人在企业中最大的价值和作用就是：不依赖乙方的咨询公司，不使用付费购买，营销团队自己能撰写市场、行业、产品类营销报告。

（1）撰写市场报告

营销负责人要自己撰写市场报考，报告内容如下表所示。

表 2-3-6　房地产营销报告主要内容

报告名称	报告内容
《城市/区域，客户置业分析报告》	置业金额总预算
	置业面积需求
	置业产品需求
	置业地段需求
	首付筹备周期
	月供还款能力
	城市商圈分析（客户定位、租金、人气）
	城市写字楼分析（入驻企业、租金、空置率）
	城市户外媒体分析（大牌、高炮、围挡、地铁、车身）
	城市线上媒体分析（网络、自媒体、公众号）
	城市线下渠道分析（代理、分销、包销、外拓派单）

数据只是工作工具，得到数据是为了形成决策和判断。完成上述一份报告，让它发挥真正的作用，需要两个前提：撰写者或团队坚持长期且系统地分析和收集市场信息；收集信息者本身具有非凡的专业能力、丰富的市场经验及敏锐的直觉判断能力。

这样做出来的报告是营销负责人用自己的力量和团队在实战中完成的。手持这样一份报告，就能对变化多端、充满竞争和外部不可控条件下的市场，做出成熟且有前瞻性的决策。

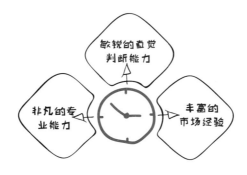

图 2-3-14　市场报告信息收集者需要具备的素质

(2) 拓宽行业视野

作为一个房地产企业营销负责人,除了管理具体工作,还要不断拓宽视野,学习新出现的工作方法和运行推广模式以及新的消费理念。要有三个学习习惯:

① 保持长期关注市场信息及搜集数据的习惯和敏感度;
② 保持对市场各大研究分析机构的各类市场报告进行汇总解读的习惯;
③ 积极参加行业峰会,与同行深度交流,实地考察,拓宽行业视野,改进看问题的高度与角度,提高市场敏感度和预判能力。

很多专业的房地产服务咨询机构,每年都会对房地产行业给出一份市场报告。用户已经证明,这些机构获取数据的方式和研究分析的思维,比较接近房地产市场实际。国内很多知名房地产企业的营销负责人都把他们的数据报告作为决策的重要依据。

(3) 定期梳理问题

一个营销负责人,虽然长期工作在销售一线,但与营销部驻守案场的同事相比,离实际问题还有一定距离。营销负责人无论工作多繁忙,都要定期和团队总结梳理项目案场和市场出现的问题。

这些问题可以是:城市热销产品是什么?价格和综合需求是什么?对标竞品使用了哪些策略?如果我们处于他们的条件中,会怎么做营销?

了解清楚这些市场问题,会促使营销负责人真正将行业和市场研究纳入进实际工作,真正走专业化的道路。

3. 科学方式激励自己

一个人要激励自己的前提是了解自己。了解自我需要有自我认知的基础。请对下表中的问题进行思考和确认。

表 2-3-7 营销负责人自我认知需要确认的问题

问题的角度	问题的内容
点燃、激励的角度	什么事能让你精神振奋
职位成就的角度	什么是你激励下属的套路
自我价值的角度	① 你将为客户和行业带来什么样的影响 ② 你对公司企业文化和经营业绩层面会产生什么影响 ③ 你在职场上的职位高度和承压边界能达到什么位置 ④ 你对非常重要的人会产生什么样的影响?合作共赢、相互成就还是攀附取悦

第三章

房地产营销负责人业务管理

第一节
房地产营销策划师管理

营销推广是指按房地产开发全周期推售项目中使用的营销策略,是一系列推广计划和活动。一个房地产项目的环境分析、需求分析、战略管理、产品价格、渠道、促销等每个环节,都应该体现在营销推广计划上。在实施营销推广策略的过程中,还要不断对项目整盘营销计划实施再营销,才能让项目的整体营销推广不断调整,最终完成销售目标。

一个楼盘能否对购房者产生吸引力,除了楼盘本身是否具备良好的质量和合理的配套外,营销推广是否到位也决定了它在市场销售中的销售业绩。在这个过程中,房地产项目的营销策划师发挥着非常关键的作用,是营销负责人工作上重要的合作伙伴。一个营销负责人要做好营销管理,就必须会和各类营销策划师合作沟通。

房地产项目的营销策划师,来自三种企业,因此就有了三种角色价值。

 一 三种营销策划师的角色价值

(一)顾问公司的营销策划师

1. 角色定位

来自顾问公司的营销策划师需要考虑开发商需要的策划角色是什么定位。对于这个问题的回答,能够反映出策划在策划师心中的位置,也能反应策划部在房地产项目营销团队中的价值和位置。

(1)职责范围

来自专业房地产顾问公司的营销策划师的主要工作是为房地产开发企业的营销部服务。其工作职责和价值有四点:

① 提供策略方向、关联业绩及市场反馈;
② 提报策略、对接执行公司;
③ 不断反馈和修正执行策略,持续提出新的有价值的营销方案;
④ 提早参与新地块的投资拓展调研。

图 3-1-1　顾问公司营销策划师的四点工作职责

（2）重要程度

营销策划师的工作内容最终由房地产企业营销部门来确定。一个房地产企业营销部怎么定义策划的重要性，策划师就能在营销部门中有什么样的地位，营销策划师才能明确自己要对什么负责，要做什么工作。

顾问公司的策划师开始工作前，需要与之明确三类问题：①策划师可以参与项目的程度有多深；② 策划师对所提交的策划方案做出了什么样的市场评估；③策划师的意见是否能在房地产企业营销部中获得尊重。

2. 工作思维

（1）遵守企业惯例比方案重要

房地产开发企业如果聘请了顾问公司的策划师，就要提醒对方，千万不要为了标新立异，去挑战房地产企业已经形成的思考习惯和运作流程。营销部和策划师联合工作时，要搞清楚企业领导和营销部已经形成的决策传统，围绕三个焦点去开展工作。

① 方案逻辑。确定最容易获得领导认可的方案叙述逻辑。
② 承诺和保障。让企业领导层同意支付价格不菲的推广方案费，需要做出哪些承诺和业绩保障。
③ 汇报工作的文本风格。企业领导层喜欢什么风格的 PPT 汇报方案。

图 3-1-2　顾问公司策划师汇报方案的注意事项

除非营销负责人要面对的企业领导对策划方案有新的期待,或你的汇报被领导们授意代表企业思维方式的转变,否则,掌握并驾驭企业领导层的决策习惯比所谓"好方案"更重要。

（2）"效果"不等于"结果"

管理营销策划师,要让其警惕房地产营销行业的三种倾向和现象:

① 凡事只看重结果而忽略执行过程；② 把"做了"当作"完成"和"做好"；③ 把市场结果当作策划效果。

在房地产营销策划中,把结果当成效果,是极为粗放和简陋的管理方式。如果房地产策划工作只盯着结果,工作必然聚焦在一年开了多少次会、做了多少方案、发了多少个文件、下了多少次案场这些静态量化数字上,追求的是一种认认真真走过场,忘记了"策划的本质是推进销售"这个核心。

（3）策划的目的是解决问题

营销策划师要有清晰的认知:组织会议、做方案和实地调研,是为解决具体问题。"结果"一定是问题解决得怎么样,不是各种总结和反馈的数量累计。

营销策划们要时刻提醒自己:工作做得好不好,要用结果去检验和衡量；效果的光环须靠达成目标的结果加持才有价值。

（4）提报和决策

对营销策划师来说,用目的清晰的提报方案能获得最有效的推广决策。营销策划师的工作需要明确三个问题。①为什么要这么做？②需要做什么？③需要怎么做？

容易被房地产企业营销部通过的策划方案有以下两个特点。

① 方案视野有前瞻性。紧扣项目的营销周期或时间轴展开,不单纯追求站得高看得远。

② 总结问题精准且直击要害。围绕关键点展开能落地、实操性强的策略和动作铺排,不是形式俗套、内容老旧的简单重复。

（二）销售代理公司的营销策划师

销售代理公司的营销策划师,其生存环境比顾问公司的营销策划师更加复杂。

1. 角色定位

在人们心中，销售代理公司的营销策划师定位是什么？是房地产企业营销团队的智力外脑及业绩达成服务者，他们的工作内容有三个：

① 随时分析和补充开发商的思路及销售目标；
② 确定产品定位、推售策略、铺排各种销售执行计划；
③ 制定详细的策略执行计划。

2. 工作思维

销售代理公司营销策划师的价值由策划师的工作思维决定，其工作焦点是：推广策略和宣传策略。

（1）做好的推广策略

① 详尽的市场调研分析，能支撑策略方案的主线，加强整体方案的说服力。
② 制定合理的产品定价，能让开发商在销售速度和溢价空间中做出选择。

（2）做好的宣传策略

① 媒体投放、活动、拓客计划制定等要综合、全面地满足开发商要求，提供客观翔实的市场调研数据。
② 在保证"费效比"（推广费用和宣传效果）的前提下为开发商快速提升销售业绩。

（三）房地产企业内部的营销策划师

一个组织结构成熟的标杆房地产企业，有自己强大的营销策划团队，也有各种层级的营销策划师。营销策划条线的工作方向有三个：

① 确定销售目标；
② 根据目标制定推广策略和媒体投放策略；
③ 遵照推广和媒体策略确定活动及现场包装计划，指导执行公司推进和落地执行。

房地产企业内部的营销策划师要从两个角度把握企业的营销策划工作。

① 放大策划部门在组织内的积极作用和价值，确保策划成为营销工作的源头，是实现目标与创造利润的系统工程。
② 在房地产销售的黄金期，营销策划工作的重要性被弱化；当市场回归正常时，营销策划师要大张旗鼓地提高策划团队的话语权和存在感。

1. 角色定位

房地产企业内部的营销策划师，其角色定位由推广方案的可执行性和效果决定。

① 策略有效落地。冲刺销售业绩的策略、活动、包装，以及媒体所有的营销动作都必须能够快速、

有效地落地执行。

②各专业板块紧密衔接。整个企业相关部门能节奏一致地助力销售团队。

③协同一致冲刺销售业绩。所有的资源调动和工作执行都能协同一致地冲刺销售业绩。

图 3-1-3　决定房地产企业内部营销策划师角色的三个要素

2. 工作思维

标杆房地产企业的策划条线管控推行三级管控制度：总部－区域－项目。房地产企业内部的营销策划师，在执行工作时必须保证能流畅驾驭上述三级管控制度。

图 3-1-4　标杆房地产企业的三级管控制度

房地产企业三级管控制度的执行流程如下：

①总部和区域积极向新项目输送资源，辅助项目积极打开新市场；

②项目严格接受总部和区域的管理，规范执行营销标准化；

③营销团队结合项目实际资质，发挥项目自身优势和创造力，实现创新执行。

通过三级管控制度可以看到，房地产企业内的每个层级对新项目销售起到的作用。

①总部作用。统一规范策略动作指引，及时共享优秀或负面案例。

②区域作用。巡查指导，及时审批营销推广方案，合理管控推广费率，辅助团队及时有效地落地执行。

③ 项目作用。深度挖掘项目自身亮点，创新营销方案，增加执行效果。

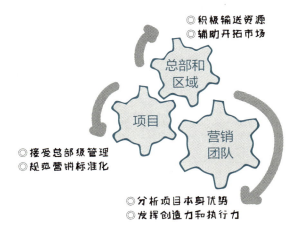

图 3-1-5　房地产企业三级管控制度执行流程

 房地产营销策划师工作开展

一个出色的房地产营销操盘者一定要具备全局视野，用好企业内部的营销策划师。在整盘营销节点的各个时间轴上铺排具体推广动作。做好房地产开发企业的营销推广工作，要遵守营销推广策略的核心方法论。

1. 营销推广策略的三个基础

出色的营销推广策略必须建立在价值策划、客户组织和客户体验这三大基础之上，建立起产品营销意识。

图 3-1-6　营销推广策略的三个基础

表 3-1-1　营销推广策略的三个基础

策略基础	要解决的问题
价值策划	① 客户认可产品但不认可区域，认为价格高，需要提炼打动消费者的价值 ② 企业拿地的价格高，项目须策划出高价值感，销售才能实现利润 ③ 销售缓慢或销售停滞。如何通过价值包装与输出快速打开市场，形成有效传播 ④ 与竞品竞争，并在推广竞争中实现溢价
客户组织	① 不依赖传统媒体的导客成果，积极开发新媒体及自媒体拓客 ② 打破传统坐销制，实现拓销一体化，全城导客，利用地缘深度拓展客户
客户体验	① 客户到场后，如何通过体验营销提升项目价值感 ② 如何洞察客户的决策思路 ③ 如何提升储备客户的成交效率

2. 制作营销策划的三种能力

（1）思维能力

房地产营销人在开展营销工作时，要能从细微处入手，形成有格局、有方向、有套路的策略思维方式。

表 3-1-2　提升思维能力的关键点

关键点	工作内容
精细的市场调研	① 市场调研 ② 渠道调研 ③ 媒体、拓展、广告公司调研 ④ 项目调研
确定销售目标	① 目标市场 ② 目标人群 ③ 目标任务

特别提示：一切思路都需要有相对应的具体执行措施配合落地。

（2）执行能力

表 3-1-3　执行能力要求

关键词	执行要点
快速	有效率、有速度，接到指令后快速反应，思考最优方案，立刻执行
负责	有一组人在为同一个计划行动；责任到人，谁跟进谁负责到底，想方设法完成任务
沟通技巧	擅于沟通，有技巧、有策略
协调组织内	与领导、横向部门、区域、总部等对话，能把上层的意见听明白，工作的方向和内容正确
衔接组织外	活动公司、广告公司、制作公司等，能学习掌握多方沟通技巧，把问题交待清楚，既要盯出结果，又要及时反馈
沟通、表达	除了信息传达要准确以外，更要学会站在对方角度思考问题，沟通不是简单地上传下达，把话说到对方舒服才能事半而功倍

特别提示：房地产企业内的策划条线，是组织内唯一跨部门的"解码"和"整合"者。策划从思考阶段开始，只有让天马行空的大脑对接真实世界，方案才能既有挑战性又有执行性。

（3）管理能力

房地产开发大致划分为八个阶段：市场调研、项目选址、经济测算、市场定位、规划设计、建筑施工、营销推广、物业管理等，营销策划要自始至终贯穿其中。

房地产营销策划是指房地产营销策划师能对"产品策略、销售策略、价格策略、推广策略"四大营销工具进行组合运用。根据项目开发前、中、后三个阶段，确定各阶段的工作目标和工作内容，理顺各阶段具体工作计划并推进，完善各阶段营销策划方案，确保项目在市场竞争中取得销售业绩。这是一名优秀的营销策划师应该做的。

3. 要懂得客户本能

在房地产企业各产品生产体系中，所有部门的工作都会对营销工作产生直接影响。只是，稳定上涨的房价掩盖了这些影响。如今的房地产市场已经回归产品需求置业，营销策划要基于真实的客户需求展开。

有一点必须清楚：产品一旦过度叠加所谓的"好"，价格就会变高；产品价格越高，市场目标受众客群的范围就越小，销售周期就会延长。在产品销售面前，营销策划师要清楚三件事：

① 项目所在城市的客户置业能力及分布情况；

② 精准掌握投资型、改善型、刚需型客群的需求定位；

③ 清楚不同类型客群对房屋总价和首付价的天花板在哪，什么价格区间的产品才能适销。

营销策划师四大阶段的工作重点

（一）项目定位阶段

项目定位阶段的核心工作是厘清产品资质，强化项目优势。要围绕一个重点：项目价值和客户需求间的关联。

1. 创造价值吸引客户认可

如果项目所在的市场上，购房客户"见识过好产品"，且对户型设计、开间尺寸、精装标准等要求很高，那么策划工作的重点就是怎么确定产品核心优势，方法有两个：

① 充分调研市场，真实对标竞争楼盘，将核心优势最大限度地化转为客户需要；

② 发掘产品及细节好在哪里，能为客户带来什么，并把这个问题转变为客户关注，从而产生连接价值。

2. 从客群需求出发增补短板

如果已经明确目标客群到底需要什么，则策划的工作重点就是如何增补项目价值点。有两个执行思路：

① 找到"客户很需要"而"项目却没有"的关键事项；
② 通过各种渠道找到项目增补方案，比如与周边资源连接，把合理关注点转化成销售说辞。

（二）项目操盘阶段

当项目进入操盘阶段后，营销策划师的工作重点是要把挖掘出来的项目价值点，变成可持续输出的营销内容。

1. 挖掘价值引导客户认同

（1）梳理项目价值点

① 挖掘项目价值点。居住、景观、环境、配套、学区地段等价值点。

图 3-1-7　房地产项目的价值点营销内容

② 包装项目价值点。项目的所有价值点，都要从客户视角分析，比如客户置业后能得到哪些利好。
③ 输出项目自身的价值观和生活理念。有诱惑力的项目价值点，最终都要提炼成可直击客户心灵深处且定位精准的"理念"，即生活价值观，借助各种传播形式放大客户的感受，为项目创造特有的市场标签。

（2）落地输出项目差异性价值点

一个房地产项目会有两类价值点：常规性价值点和差异性价值点。

常规性价值点包括：地段优势、配套优势、品牌优势、环境优势、户型设计、物业服务、教育资源、医疗资源、交通便利、购物环境等。

常规性价值点只是策划人案头的基本参考，无法成为一个新楼盘的核心营销武器。能让整个营销推广获得制胜性成功的是包装好差异性价值点。

包装差异性价值点,意味着策划师要用他去迎击竞争楼盘尤其是那些已经有"区域第一盘"影响的竞争对手。策划人策划包装的目的是让项目以本区域标杆物业的形象高调亮相,快速抢占市场各种"第一"的位置,制作一个便于快速记忆,足以震撼全城的标志性楼盘。

(3)用产品价值点匹配客户关注点

策划一个房地产项目,要从不同方面去匹配客户关注点。以展示楼盘的独有特征和地段的未来利好。归纳起来,可以从四个方面挖掘项目价值。

① 资产角度。引导客户认可"买在这里资产不缩水"。

② 升值角度。借用真实案例举证,本楼盘会随地段的成熟发展而不断升值。

③ 产品质量角度。从展示产品设计规划、户型空间尺度,景观绿化特色等产品细节入手,引导客户认可"买在这里居住舒适度有保障"。

④ 物业管理角度。传递物业服务的星级标准、社区业主文化活动的组织举办能力。

图 3-1-8 挖掘项目价值的四个方面

在项目销售过程中,策划人可以借助目标客户是否愿意积极推荐亲戚、朋友、同事来售楼部看盘以检验提炼的项目价值是否打动了客户。针对步入老龄化客户群体精神层面的幸福感营造,有利于强化客户对产品价值的认同。

(4)从客户的"易关注点"包装

所有承载价值点的宣传物料,在文案撰写的过程中都要围绕三个问题进行思考,从客户感知角度输出真实利好价值点,而不是仅从企业角度一味夸赞项目。作为项目营销负责人,要多问三个问题。

① 客户为什么要买我们的楼盘?

② 客户为什么要现在就买我们的楼盘?

③ 为什么客户现在就买我们的产品?

(5)挖掘品牌溢价支撑力

很多房地产企业持续打品牌推广这张牌,目的是抓取市场追求高品质居住生活的客群。唯有优质产品才能在客群中树立品牌美誉度。品牌美誉度由企业的产品设计投入,优质物业服务投入、产品档次投入，美好人居环境投入一起构成。在项目操盘阶段，策划要深入挖掘这些真实且有价值的投入，作为项目推广的绝对优势价值，以保证在销售上的全面胜出，兑现品牌溢价支撑。具体方法有两个：

① 找准体现企业品牌价值的宣传角度，如企业规模、资金实力、城市深耕、热销业绩等；

② 挖掘梳理企业四类生产投入品质，如产品规划、建材装修、设计单位、环境空间、配套资源、物业服务等。

（6）挖掘城市及地段板块价值

对房地产项目价值营销，有一句话可以被策划人奉为金科玉律：如果没有，那就去创造。项目充分挖掘城市（即地段板块）价值的手段有五个。

① 活动营销。举办城市文脉、发展等活动或论坛，吸引文化名人和相关部门领导莅临现场，利用文化价值的营造，增加产品承价能力。

② 跨界营销。整合同一板块的房地产品牌和跨界品牌，如商圈商城、主题乐园等做联合炒作，借助资源共享，品牌互利，实现板块共赢。

③ 话题营销。如果项目天然缺乏地段热点内容及话题，就要有勇气借鉴标杆房地产企业在包装投入上高额的预算。

④ 资源营销。找到项目独特的资源价值：项目周边地理形态的独特性，打造宜居生态的景观资源；精神层面上的独特性，打造项目高端气质。

⑤ 形象营销。建造一个能代表整个楼盘气质的销售中心，如仿建徽派、晋派古宅、欧式经典等风格。

2. 制作营销道具渗透市场

挖掘价值需要提炼出一套有强烈价值观的传播体系，因为，所有产品价值必须搭载丰富的传播手段，才能最后促进客户成交。营销策划师建立项目传播体系的方向有三个：

① 从引爆热点事件到吸引市场关注；

② 从圈层拓客提升到客户到访；

③ 从完善营销环境体验到增强溢价空间。

图 3-1-9　建立项目传播体系的三个方向

(1) 销售说辞道具

楼盘的现场销售如同商务谈判桌或拼杀战场,讲究短兵相接。销售员一个细小的错漏或误判,就可能造成一次成交的失败。房地产销售达成的过程比较长,环节也很多,每个环节都包括很多关键情境,要说服客户成交,就需要销售人员使用成熟的"价值销售说辞"来应对。

① 统一产品说辞。销售线、策划线共同编撰产品价值点的统一文案说辞。

② 不断培训及训练。项目统一说辞文案确定后要保证能规范使用,要对销售人员开展说辞考核竞赛,以优胜者的说辞视频为教学范本进行全员培训。

(2) 现场模型道具

区域沙盘、单体模型、户配模型沙盘是项目销售现场最有力的销售道具,是客户了解项目的必要环节。沙盘制作需要注意以下三点:

① 区域规划沙盘要让客户直观了解项目在区域中的地理位置;

② 沙盘通过合理比例和布局展示,体现项目在区域交通中的融入性,商业配套、医疗、教育等资源的优势,以及对未来 5 分钟、10 分钟、30 分钟的生活圈的情景模拟;

③ 保持对模型制作行业的长期关注,及时掌握沙盘模型的制作工艺和类型。目前市场已经出现的三类常用楼盘沙盘如下表所示。

表 3-1-4　三类常用楼盘沙盘及其功能特点

沙盘类型	功能特点
动态智能沙盘	以实体沙盘为核心,结合智能轨道交通、建筑升降、投影、投屏、触控屏等多功能展示
数字科技沙盘	没有实体沙盘的虚拟沙盘模型,一般通过折幕投影、三维投影以及手机 App、iPad 等触控终端的方式对建筑、区块进行展示
全息投影沙盘	纯数字虚拟影像、三维动画效果表现,对场地、空间和光影有特定的要求

(3) 营销物料与工具

表 3-1-5　房地产项目的营销手段

类别	详细内容	详情
硬件类 (营销物料)	折页、海报、户型图	数量、摆放地点、张贴位置、张贴时间
	导视系统、围墙、户外大牌	视觉形式、张贴位置
	拓客团队装备	车身包装、统一服装、宣传物料
	营销礼品	拓客礼品、认筹礼品、认购礼品、按时签约礼品、交房礼品、销售中心礼品堆头
	优惠折扣	认筹折扣、按时签约折扣、老带新折扣、车位折扣
软件类 (营销工具)	宣传片	①企业品牌宣传片 ② 项目全景宣传片 ③ 感性角度引发购房联想的主题宣传片
	项目介绍 PPT	完整价值点、全景规划、竞品对比分析等

续表

类别	详细内容	详情
软件类（营销工具）	大客户拜访PPT	核心价值点、户型分析、优惠折扣等
	拓客PPT	市场解读、地段分析、产品解读、品牌价值、物业优势、优惠体系
	微楼书	① 在线全景看房 ② 3D房型展示技术 ③ 在线咨询 ④ 预约参观等
	金融工具	① 首付分期 ② 认筹理财产品等

（4）媒体传播方案

表 3-1-6 房地产项目的营销手段

问题	价值	工作内容
媒体筛选原则	熟悉目标市场所在城市	① 分析目标市场的体量级别 ② 掌握目标市场的媒体类型
	掌握当地人的日常习惯	① 目标客群生活习惯，如衣、食、住、行等行为习惯分析 ② 日常接触媒体分析，如阅读、浏览习惯，热点媒体，公信力媒体等
	当地媒体纵深分析	① 各类媒体特点分析，如线上媒体、线下媒体、自媒体、新媒体等 ② 各类媒体自身影响力和历史效果分析 ③ 各类媒体辐射区域和辐射人群分析
媒体组合及应用	整体思考方向	费用总预算、媒体覆盖人群、媒体到达率、导客成本等
	媒体投放思考方向	① 保持长期与短期媒体应有的高效结合 ② 控制好媒体投放的长度、力度、密度，频次越多，声音越强 ③ 宣传声势应由弱渐强，越接近节点，动静越大，市场声音越响
	新开盘	① 销售目标高、媒体费用充足，达到全城皆知的媒体推广效果 ② 线上媒体针对目标客群精准覆盖，线下拓客包围目标市场
	旧盘新推	① 销售目标高、媒体费用一般，要达到有效维系提升知名度的媒体推广效果 ② 线下覆盖精准客户，户外结合渠道拓客，线上选择少量、效果最佳的媒体投放
	常销、尾盘	① 销售目标低、媒体费用紧张，可联合同区域新开项目的推广资源，扩大推广效果 ② 以精准渠道拓客为主，线下少量媒体节点性投入，线上媒体除免费资源外，基本不投放

（三）营销活动策划阶段

房地产营销中最常用且有效的方式就是营销活动。项目销售可以少做广告，但绝不能不做活动。

房地产营销策划师在这个阶段的工作重点是通过各类营销主题活动对目标客户进行宣传和推广，找到目标客户，形成项目认知，产生认同发生购买冲动，达到营销推广的目的。

房地产项目策划活动的最终目的是为了不断通过吸引客户，明确客户意向，排除无效客户，营造现场热闹氛围，增加客户认筹的数量。客户只要交了定金，就会持续关注项目的产品和活动，不断促进项目推广，逐渐升温，直到售罄。

1. 明确营销活动的类型和目的

在项目营销的任何阶段，皆可通过营销活动制造新闻事件，引发市场关注，从而达到扩大项目知名度、树立项目形象定位和推广宣传的作用。

有趣又有效的活动，离不开精心策划的主题与高效的执行力。在房地产项目销售中，常用的五类营销活动如下图所示。

图 3-1-10　房地产项目常用的五类营销活动

营销活动的作用除了积累人气，还能消除摇摆客户对项目的质疑和抗性，增强对项目的价值认同。

在营销活动中，客户积累只是一个过程，时机和条件一旦成熟，最终的目的就是达成销售。提高积累客户的销售转化率，是考核营销活动成功与否的关键指标。

2. 精准关联捕捉匹配型参与者

房地产项目营销活动策划的技术核心就是活动的吸引力。一个营销活动的创意要保证在邀约阶段就能让目标客群对参与活动产生浓厚的兴趣。

① 针对不同类型项目，确定匹配目标客群调性的活动主题。有时客户因为诸多原因不能来参加活动，但事后打听到活动内容及形式与自己的阶层不匹配，那么，这个项目也很难再进入客户的挑选范围内了。

② 活动内容和形式匹配目标客群、精准定位。不是仅仅因为活动人气足、动静大、反响热烈就照搬复制。项目营销尽管做到了人气不减，但大量无效客群数据会拉低项目品质感。

3. 保证参与者有完美体验

营销管理者要充分掌握团队的执行力和执行水平。活动策划方案只是方案，还需要其他保障环节：

① 执行环节保障要及时到位，专业大型活动和主题性较强的文体活动，要充分、全面地考查活动公司的执行能力；

② 参与者在活动中有完美的体验，是完美营销活动的标准，是把营销活动影响力转化为销售成果的重要保证。

4. 制造热度话题提升营销人气

达到预期营销活动传播效果的活动策划要实现三个目标：①紧扣时事热点；②借助活动事件进行项目信息宣传；③形成连续性媒体追踪报道和客户间热议话题。

成功的活动营销，不是为了活动而做活动，不仅在于活动当场流程推进顺利、参与者体验良好，更在于活动事前、事中、事后，皆有热议传播的资本和渠道。形成口耳相传的传播广度才是真正成功的活动营销。

（四）营销策划执行阶段

价值策划是营销工作的核心策略。在市场竞争环境中，策略是营销工作的内核本质，其他环节皆为策略落地。所有活动方案在营销部门内部都要经历很多环节：方案撰写、提报、调整、定稿。

营销负责人还要对价值策划反复强调两点：

① 价值策划要建立在市场竞争的基础之上；

② 价值营造只有超出客户预期甚至能给客户带来惊喜才有机会使客户形成购买冲动，促成交易。

（1）分解价值策划环节任务

策划工作完成并不意味着营销部可按方案内容执行活动，还有四个环节要细致管理。

① 职能部门审批。活动方案在房地产企业内还要经过其他职能部门的审批。

② 梳理方案签署流程。营销管理者要主动积极梳理活动流程的审批环节、活动费用的授权范围、活动公司的招标比价要求等内容。

③ 向领导做好专题汇报。将项目全年重点、节点性营销活动（一定会做的活动，如品牌推广、开盘、周末暖场等）的主题向决策层进行专题汇报。

④ 控制活动的节奏。明确活动主题、活动费用预算、活动公司选择等具体工作；前置活动的审批流程，保证项目营销活动可以在市场上有充裕的时间挑选优质的活动公司；高水准的执行活动方案。

（2）管控价值策划执行工作

策划部门在营销体系内的能力演化，决定了价值策划的含金量。具体体现为以下三点。

① 营销管理者有能力从项目源起开始厘清项目前期定位链条：整体定位、价值体系、规划实施。

② 项目进入营销阶段前已经完成营销战略选择：选择什么样的战略，在哪些方向上集中发力。

③ 带领团队完成项目竞争选择、产品诉求和产品受众的价值梳理：

a. 竞争选择要回答和谁展开竞争战；

b. 产品诉求要回答在卖什么类型的产品；

c. 产品受众要回答我们的客户是谁。

营销管理者要从专业的角度规范策略内容，围绕策略制定计划并执行，执行过程中要做到监控效果，根据效果不断调整、优化。

第二节
房地产项目营销会议管理

营销会议是营销负责人日常管理中的一项重要内容，更是营销部执行力优劣的重要影响因素。尤其是对于新任营销负责人来说，开会能快速直接地了解、掌握各个分管项目各阶段的工作情况。懂得开会的技巧，对营销负责人尽快展开工作非常关键。

 一 现代企业会议的精髓是高效

会议管理是每一位职场人毕生都要不断学习、实践和参与的课题。营销负责人更需要学习如何开会，需要学习会议管理的知识，将会议管理视为永恒的课题。现代企业尊崇的会议理念是高效和议有所决。

1. 用高效会议提升团队能力

企业的会议价值在于会议中有充分的讨论和具体的决议。高效的营销会议能提升团队的专业能力和整体素质，强化营销专业技能的储备，提升团队协作和凝聚力，在思想碰撞中学会妥协与坚持，在各抒己见中挖掘灵感与创新。

图 3-2-1　高效企业会议的两个要求

2. 用高效会议能形成闭环

营销负责人要根据会议决议布置行动方案，用畅通的反馈通道保障团队及时调整策略，解决问题，让会议决策形成闭环。高效的营销会议应做到三点。

① 会前有主题：主题要清晰，议程要简化，明确开会的必要性。

② 会上有方案：方案要反馈，反馈要结果，按议程有节奏、有效率地推进，以确保达成目的为会议主线。

③ 会后有责任：责任要具体，会议后要有跟进，确保会议结果落地，奖罚要分明。

3. 会议结束是方案开始

高效的营销会议不是沟通的终点，而是执行的起点。借助会议强化团队执行中的创新意识、创新能力，形成创新氛围和文化，真正实现从"领导怎么说我们怎么做"到"学习型 + 创新型团队"的转变。

如何组织高效的会议

会议是指有组织、有领导、有目的的议事活动。一次成功的会议包括五个部分：①详细的计划；②明确的目的；③会议讨论；④会议决策；⑤实施方案。

1. 只开高质量的会议

组织会议是考验营销负责人统筹能力的高级技术工作。高质量的会议时间短，参会人员能提出建设性意见。因为参会人员越多，会议时间越长，就意味着企业或部门的会议成本越高。

（1）做好充分筹备

提高会议质量，要在确定会议主题后，明确三件事：定人、定事、定议程。

营销负责人要做的四件事：① 设置会议流程；② 确定汇报文件的标准格式；③ 要求精练简洁的汇报风格；④ 管理和设置好会议时间。

（2）会议通知的三个原则

会议通知要告知会议背景、会议议程，以便让参会人员清楚自己的角色及时间安排，为会议提前做好准备，做高质量的参与。

① 会议通知应尽量提前 1～2 天发。太早，容易被人遗忘；太晚，别人没办法提前安排工作。

② 单独知会重要领导。如果参会人中有重要领导，要单独与其确认是否有时间，提前提醒以防止时间冲突，无法参加。

③ 为与会人员附上会议背景与议程。

（3）避免会议弊端

很多房地产企业的营销会议内容都是讨论"谁来承担工作责任"这个问题。很多管理者笃信开会可以解决所有问题。很多企业营销会议都存在会议时间延迟、会议目的不清、会议后问题依然没有得到解决的情况，总结起来有四类原因：

① 提出问题不具体，没有针对性和解决方向，导致会议问题议而不决；
② 会议主题和目的不明，参会者无法积极参与和领取任务；
③ 参会者无任何准备，讨论问题无任何实效；
④ 时间控制不好，会议冗长低效。

2. 会议要有结果

高效会议有两大类型：决策型会议、讨论型会议。

能输出一个明确的结果　决策型会议　讨论型会议　集中讨论并能达成会议共识

图 3-2-2　高效会议的两大类型

营销部要常开会，无论什么类型的会议，最终是让整个团队达成统一的思想和目标，使团队能统一行动。开会有三个目的，也叫三个统一：统一思想、统一目标、统一行动。会议能把重点工作统一起来，集中精力办大事。

如开盘方案评审会、推广预算审批会。讨论型会议则要召集一些人集中讨论问题，共享信息，如产品定位、拓客范围、媒体选择、头脑风暴等。

3. 三段式会议组织法

组织好会议，最实用的方法是三段式会议法，即把会议流程分解成三个模块：会前、会中、会后，形成完整的项目分解表。每个参与会议的营销人员都要清楚明白自己的工作，做好监督并及时纠偏工作。

图 3-2-3　三段式会议法

营销负责人要明白，会议是重要的管理手段，需要利用会议整合策划和销售的力量。
① 会议开始前。营销负责人安排助理提前把会议的背景、目的、议程，以及希望达成的结果等

材料抄送至参加会议的各方。

② 会议过程中。营销负责人安排助理确保参会者都明白会议最终输出的结果是什么：是一个决定，还是一系列可行的方案。

③ 会议结束后。确保会议在既定时间内能达成共识。

（1）会议前筹备

营销负责人需要清楚，会议效果不好是因为准备工作没有做足。

① 预先设置各参会者因岗位不同、分工不同、视角不同等可能引发的冲突和对抗。主持者要始终围绕会议目的主持会议。协调会议要考虑使纠纷和对立不激化。

② 明确会议的时间、地点、议题。会议前30分钟通过微信群再次提醒参会人员，设置严格的迟到罚款制度，保障会议的纪律性和严肃性。

③ 明确谁出席、谁主持、谁记录。合适的参与人，能提升会议的有效性，也是尊重他人时间的表现。会议组织者要将会议议题、目的和议程等内容打印成文件，放置在会议室对应的参会人员位置上，供参会人员做好准备，更快进入状态，带着会议主题及会议目的参加会议。

④ 决策型会议的参会者必须对议题给出意见；讨论型会议要激活会场氛围，使参会者能够畅所欲言。

有不同级别的人参加会议时，组织者要特别注意控制"会议杀手"，就是位置高、权限大、占支配地位的人，这些很强势的人会扼杀会议其他成员相互交流的可能性。会议控制者应注意，不要让领导独占会场，应让所有参会人员都能充分发表意见。

⑤ 保证准时开始会议，根据事先确定的会议计划进行会议议程，不跑题，不临时增设新议题。要按会议的目的和特点进行。

（2）会议中控题

会议主持人要自信和专注。

① 强调会议纪律，不跑题、不偏题、不拖沓。会议正式开始后，营销负责人要重申本次会议的议题、目的、目标和议程；设置好时间管理员，严格管理个人发言时长；如发言人在规定时间内未能充分表述全部观点，可酌情后续补充。

② 穷尽问题，达成一致。避免有些人因为没机会发言，把存在的问题带回了工作岗位。营销负责人要针对各方不同意见的焦点问题，给出具体指导意见，引导团队求同存异，以达成目标为共识。无论策划部还是销售部，都必须对本次会议目标达成一致意见，避免部门间各自为政，消解了团队协作能力。

③ 设置会议总控。营销负责人是会议的总控制者，要主导和把握住会议的走向，掌握关键节点和收放节奏，及时中止没有重点的发言、没有逻辑的描述和过度发散的话题。让关键角色充分表达观点。如果有需要，可以用电话（或视频）连线不在会场的项目现场关键人员。洞察参会各方的意识共识，把握重要决策的关键时刻，始终把会议决策的高效性放在首位。

图 3-2-4　把握会议走向的五个方法

（3）会议结束前定责

会议关键时刻往往在最后的十分钟。营销负责人可以将初步的会议纪要给参会者确认，形成一个涵盖会议内容、进度环节和具体责任人的消项表。

消项管理是指按照整体计划要求的方式，将重大问题分解成可执行操作的事项，即将大事情分解成若干小事情，通过把小事情逐个完成，实现整件大事的完成。这个消项表可以按营销部计划或会议主题灵活设置。

会议纪要应在会后第一时间发送给参会人员。根据消项表形成会后贯彻执行的任务单，下次会议上各方就消项表中负责的内容逐一汇报完成情况。

图 3-2-5　会议消项表问题解决法

4. 高质量会议的三种技巧

组织一场高质量的会议需要具备三种技巧：控制离题的技巧、提问的技巧和控制会议节奏的技巧。

维持会议秩序需要注意四点：

① 适时提醒，维持良好的会场环境；

② 正确把握发言者的发言时间；

③ 提醒提出批评的意见要有建设性；

④ 引导话题打破僵局，改变会议沉默气氛。

图 3-2-6　组织高质量会议的三种技巧

 如何管理好会议

1. 会议管理的两个重点

营销会议需要丰富的沟通技巧，但沟通绝不是简单的技术问题，关键还要有职业态度。

（1）宽容和尊重会议中的沟通

有三个要素会影响会议沟通效果：场合、气氛和情绪。

图 3-2-7　影响会议沟通效果的三个要素

营销会议中的工作沟通，是团队成员情绪的释放、信息的交流、观点的互动。这样的沟通没有对错，只有立场。

高水准的会议沟通，营销负责人要引导大家把注意力放在结果上，而不是情绪上。很多会议，往往因为时间紧，没有足够的时间准备，与会者未充分发表意见，主持人应该注意不对某一问题急于下结论，掩盖重要问题和主要矛盾，否则会造成大家对结论或决议不理解，贯彻会议决议时会发生偏差。

（2）纠偏态度提高应对技巧

营销负责人在主持会议时，要善于因时调整自己，控制局面。

① 善于纠正偏见和问题。有的环境需要先办好事才能管好人，有的环境需要先管好人才能办好事。很多企业的营销团队，半年时间内能迎来送往多位营销负责人，团队习惯坐听新任管理者的豪言壮语而不为所动。新任营销负责人在营销会议中要根据现场状况，及时调整纠偏自己的行为态度和应对技巧。

② 不要把想法强加于人。会议的主持者要注意不要把自己的意见和想法强加于人；也要提醒企业老总和经理注意不把自己的意见和想法强加于人。

2. 高效营销会议需要的四个态度

（1）真诚

营销团队是一个目标一致的大家庭，态度真诚是彼此获取信任的基础。真诚的态度更容易推进营销会议，往往可以事半功倍。营销会议的沟通语言有三种：文字语言、声音语言、肢体语言。文字语言传达信息，声音语言传达感觉，肢体语言传达态度。真诚沟通就是这三种"语言"的交互使用。表现为五个基本动作：点头、微笑、倾听、回应、做笔记。

图 3-2-8　真诚沟通的五个基本动作

（2）责任心

负责任是成就事业的核心素质。营销负责人对企业肩负业绩销售回款的使命，必须对项目建立高度的责任感。承担应当承担的决策，完成应当完成的计划，做好应当做好的工作。营销负责人在沟通中的责任包含四个要素：包容心、同理心、赞美心、爱心。

（3）分享

谁也不是天生的领域内专家，每个人都有能力短板。在会议上，无论什么身份，都要放下姿态。平等交流是提升专业、交换知识和技能的前提条件。

分享型沟通会议有三个特征：行为主动性、过程互动性、对象多样性。组织者要充分发挥分享精神，构建乐于分享的会议文化，达到会议能够解决问题，统一认识的目的。

图 3-2-9　分享型沟通会议的三个特征

（4）与核心圈成员共进退

很多营销负责人喜欢加营销团队所有成员的微信，搭建无数个微信沟通群。这种沟通习惯和态度只能换来海量的无序无效信息，是一种极不专业的沟通方式。

对管理者而言，沟通的关键是抓住团队中的核心圈成员，用心和他们建立充满人性的沟通语境，与之上下一心同进退，通过在中层管理团队中树立威信，逐步达成营销团队的整体服从性。

图 3-2-10　与核心圈成员沟通的五个原则

 如何高效地与合作企业开会

不同类型的房地产企业老板、企业高管层、合作伙伴企业老板，对营销负责人的专业评价标准截然不同。营销会议若有他们列席，尤其是新任营销负责人，就更要认真准备和应对。会议开始前要对各类老板及企业高管的风格有深入的了解。

（一）民营房地产企业

民营房地产企业有三个特征：①企业决策以老板意见为主导；②职业经理人即高管层通常无决策

性的话语权；③老板身边的"自己人"往往是工作推进的关键人物。

1. 老板是企业第一代创始人

（1）老板个人特征

学历相对较低，实践经验丰富，精力充足，情商高人脉广，在企业管理中事无巨细地亲自参与。

（2）老板工作特征

① 目标清晰。关注结果和费用，使利润及价值最大化。

② 喜欢低成本的决策方案。决策的大方向是为企业省钱，喜欢花小钱办大事的工作方案，比如逆市销售突破方案。

③ 对每笔营销费用的结果都很关注。营销需要花钱的地方很多。如果营销负责人所汇报的营销方案推广费很高，就要对这笔开销的销售结果有具体的承诺。

④ 喜欢任用务实、实干的营销负责人。

图 3-2-11　民营房地产企业老板的四个工作特征

（3）老板沟通风格

此类老板对新任营销负责人的考察期和观察期会比较保守，表现为考核时间很长，喜欢出席营销会议，因为营销和销售关联密切。针对这类老板，营销负责人组织会议有三个重点：

① 着重阐述工作执行的具体铺排及实际完成的工作成果；

② 会议发言和分析总结问题要体现自己的专业度；

③ 建立自己专业有序、对结果负责、值得信赖的形象。

（4）高管团队特征

第一代创始人当家的房地产企业的高管团队，也有两个类型。

① 心腹型高管。跟随老板多年，与老板交情深厚，学历相对较低但市场经验丰富。

② 专业型高管。来自社会招聘，有一定的专业技能，工作状态容易被心腹型高管同化，愿意追随心腹型高管的意见和建议。

（5）高管层的沟通风格

这两类高管从相处角度来看，对认可自己工作圈子文化的外来者接纳度都比较高。营销负责人，尤其是新加入这类企业的营销负责人，要在平时工作中注意以下三点：

① 积极融入企业高管团队；

② 在营销会议上充分利用自己的专业优势，塑造自己严谨认真、紧盯目标使命、为企业创造价值的专业形象；

③ 展现亲和态度，让自己快速融入企业管理层和营销团队。

2. 老板是年轻的二代接班人

（1）老板个人特征

这类接班型老板的特征有四点：

① 基本都有海外留学经历；

② 年轻，有建立功勋和展示才华的自我要求，渴望超越上一代；

③ 海外留学经历让他们容易产生文化和能力自信，性格骄傲；

④ 市场实践经验欠缺，在企业里尤其是民营企业里，容易因为找不到同圈层的人而产生交流和沟通的寂寞，即精神需求有缺口。

（2）列席营销会议的关注点

年轻接班型老板参与营销会议的关注点与创业型老板有很多不同。他们关注的内容主要有四点。

① 方案充满视觉刺激，抓眼球。希望营销方案新颖有创意，会议展示 PPT 的排版要追求与众不同；对市场的信息数据内容汇总和使用非常关注。

② 汇报者思路清晰，懂经营。希望汇报者条理清晰、逻辑层层递进；希望听到发言者对项目推进的经营性思考。

③ 汇报者有控制成本的意识。推进营销工作的大方向还是省钱，仍然倾向于用资源互换做事，提倡在营销工作中能省则省。

④ 方案中的财务预算数字清晰。用于营销上的费用支出，要有具体的销售效果。

（3）汇报营销方案的三个原则

营销负责人组织接班型老板出席的营销会议，要保证做到以下三点：

① 项目大型推广方案有持续传播效果和具体执行计划；

② 会议提报的广告和推广方案要符合接班型老板认可的风格和效果；

③ 项目推广活动期间的媒体安排清晰，尤其是关系到接班型老板本人的专访、事后新闻、视频、照片、通稿等事项都要有明确的计划和安排。

（4）与接班型老板的沟通策略

接班型老板对新任营销负责人的考查期和观察期会比较跳跃。比如，一件事情如果做到让他满意或有所惊喜，他就会立刻给出满分；但营销负责人一旦做错一件事，修补难度和挽救成本会比较巨大。营销负责人和接班型老板的沟通主要通过两个渠道。

① 工作渠道。积极利用营销会议这个重要机会，在会议上能提出创新有效的方案和管理措施，树立整个团队锐意进取的形象。

② 生活和兴趣渠道。要积极寻找自己和接班型年轻老板的共同兴趣点，创造接触机会。比如充分利用行业内的圈层关系，在工作外的饭局上"意外"遇见接班型老板，逐渐借助大家共同的爱好，比如打球、茶道、健身等业余活动，走进他们的精神和生活世界。

图 3-2-12　营销负责人与接班型老板沟通的两个渠道

（5）高管团队特征

接班型老板建立起来的高管团队，也分为两类，这两类团队的特征有很大不同。

① 心腹型。心腹型高管与老板有亲密关系，或与老板的社交圈有一定关联，比如同学、好友、亲戚；与老板年龄相仿，充满激情。

② 专业型。这类团队来自社会招聘，是具有良好专业技能和履历背景的职业经理人，比较年轻。

（6）与高管层的沟通策略

此类高管以和接班型老板走得近、私下关系好为荣。营销负责人在日常交谈中要积极给高管们点赞，营造良好口碑。在营销会议中突出重点成果的协同合作性，使成绩成果能体现出他们付出的支持和功劳。

（二）以职业经理人为决策主体的企业

以职业经理人为决策主体的企业有以下三个特征：

① 市场化意识强，以市场运作为主；

② 高管层是职业经理人，团队职业化程度普遍较高，对工作能力中的专业性非常看重；

③ 企业人才任用讲究学校背景、专业背景、兴趣背景等个人综合素质层面的能力素养。

（1）老板个人特征

普遍具有高学历，眼界开阔，学习能力强，能快速接受新事物，多为指导型的领导风格。此类老板的市场及管理经验丰富，为人谨慎，戒备心较强，会主动与下属保持距离。

（2）老板工作特征

这类老板在参加企业内营销会议时主要关注三方面的内容：

① 方案计划要能够实操落地，且条理清晰；
② 营销推广要注重市场口碑及品牌效应；
③ 方案要主观倾向性明显，风格强势。

（3）老板沟通风格

营销负责人和这类老板在会议上汇报和沟通时，需要做到以下四点：

① 快速建立职业化形象，搭建有效的沟通平台；
② 创造业内知名事件，形成加持认可；
③ 在营销会议中主动攻坚疑难项目，汇报工作简明扼要，有数据，有分析，有结果；
④ 数据经得起推敲且真实，分析有深度且专业前瞻，结果清晰且提供选择方案。

（4）高管团队特征

以职业经理人为决策主体的房地产企业，其整个团队通常是名校毕业生，职业化程度高，具有较高的职业操守，也有很强的专业背景，追求主流价值观和话题趋同，喜欢探讨专业问题，工作交流内容多为管理和技术类问题。

（5）与高管层的沟通策略

在与职业经理人型企业高管沟通时，营销负责人要特别注意专业度、规范性和方案的可执行性。

图 3-2-13　与职业经理人型企业高管沟通的三个注意点

① 加强与横向部门间的交流互动，从领导层面传递和谐氛围。
② 梳理营销团队与横向部门对接的工作责任明细表，使各部门清晰掌握日常对接沟通具体找谁。
③ 充分利用资源平台，发挥团队协作。

（三）国资背景的房地产企业

国资背景的房地产企业有以下特征：

① 国有资本控股的企业，运作注重计划，追求稳健增长，与前两类企业相比，整体运营效率较低；

② 企业内部比较注重人际关系的平衡，职位层级关系较严格，对方案追求经济效益还是社会效益都需要考量。

（1）领导者个人特征

国资背景的企业老总通常有较高的级别编制，年龄较大，在企业内属于元老级，德高望重，做事风格沉稳低调。

（2）领导者工作风格

国资企业一般规模都比较大，企业结构相对复杂，需要处理和平衡的关系很多，每种营销活动都要顾及社会影响。这类领导者列席营销会议时需要注意四点：

① 工作习惯沉稳，惯于从管理视角出发，高角度点评营销工作；

② 更强调把事情"做好"，而不是图快或追求节约成本；

③ 对激进、高风险的方案持保守谨慎态度；

④ 更期待项目业绩达成对标同行业竞品。

（3）领导者沟通风格

此类领导者参加营销会议的次数较少，基本不会全程参加会议。往往到时间点才出现，点评完方案，布置完意见和要求就提前离场。营销负责人和这类领导沟通时要做到三点：

① 事先主动与其汇报会议核心内容，提前交换焦点问题意见；

② 提前了解领导对会议讨论议题的意见和方向，尽量避免不做事前沟通，否则领导可能会在会议中批评或否定方案，做出巨大调整，导致营销负责人的尴尬和被动；

③ 对会议中涉及的方案、报表等文件提前打印好送至领导办公室，建立自己专业又谦虚的晚辈或下属形象。

（4）企业高管团队特征

国资背景领导者组建的高管团队会和领导者的行事风格比较一致，表现为三个主要特征：①注重各方关系平衡；② 具备一定专业知识；③具有广泛的人际网络。

（5）与高管层的沟通策略

国资背景的房地产企业注重上下级关系，比较看重下属和需要自己提供帮助的部门的态度。营销负责人与之沟通时需要做好以下三件事。

① 积极参加组织内的各项活动，掌握一定摄像摄影技术，每次活动后给高管们发送有其本人在内的精美照片或视频。

② 积极给组织内部的刊物投稿，内容以和横向部门通力协作解决工作难题为主，拉近与各横向部门间的友好关系，突出企业文化的和谐向上。

③ 营销会议中，各个方案都要顾及利益平衡，突出专业优势，争取获得相关高管的集体认可，为执行工作的顺利推进奠定基础。

在房地产开发的过程中，营销部门几乎和所有部门都要关联。营销负责人需要梳理好各方关系，以便顺利推进营销工作。国资企业的营销负责人，尤其要记住一点：再好的企业内关系网络，也只能起到维系沟通的作用，推进工作的关键点还是要建立自己的专业度口碑，使专业技术过硬。

五 保持会议专业度

会议、工作报告、营销拜访被称为销售业绩的三大法宝，把会议开好、开出绩效，不是一件容易的事。营销负责人要有能力开好四类会议。

1. 经验分享型会议

专业不是靠独揽大权，一人专断，营销负责人要善于做经验分享。"教"就是最好的"学"，教会他人也是自己最好的学习成长方式。只有团队成长才能让营销负责人的业绩和成果最大化。

经验分享型会议可采用三种策略：① 定期复盘营销推广方案；② 定期分析区域各竞品的优秀营销案例；③ 定期整理总结自己的工作成果和经验，制作成容易传播的文件，如视频、PPT、音频等格式，与团队分享。这样既可以巩固强化已有专业知识，又能让团队汲取更多经验。

图 3-2-14　经验分享型会议的三种策略

2. 平台学习型会议

作为房地产企业的营销负责人，除了完成业绩之外，还有一个重要的工作就是利用自身岗位影响力，为整个企业和团队获得市场一手信息和数据。具体表现为五个行动：

① 善于整合资源，放大平台赋能的延伸；

② 积极和区域优秀品牌的开发商交流学习，考察优秀的示范区、样板间、外展点等体验展示环节，取长补短；

③ 在营销推广、活动执行、拓客路演等环节交流创新案例；

④ 积极参加行业峰会，掌握对前沿一手资讯数据的深度分析；

⑤ 结交房地产界各领域的行业精英，获得眼界和与时俱进的理念，增进全局观意识。

3. 内部学习型会议

销售是残酷的实战。营销人员在销售过程中会遇到许多问题，依靠他们的经验和能力，难以找到理想的解决方法。营销负责人要积极组织内部学习会议。根据市场状况和团队遇到的困难，分门别类整理，利用定期的学习例会，积极参与项目分析和总结，借此激发大家的智慧，群策群力，寻找解决问题的思路和方法。

有两个方法可以快速解决销售力不足的问题：

① 全面掌握项目信息，任何数据都有及时准确的来源，营销方案全面深入参与；

② 对自己所负责的各项目有清晰独立的理解与定位，并有支持这个定位的方案和策略，只有自己对项目有更深入的理解，才可以成为企业甚至行业的专家。

图 3-2-15　快速解决销售力不足的两个方法

4. 技能培训型会议

营销工作本质上可以看作是服务行业，工作都要达到职业化的标准输出。从事这种行业的人，需要具备五个特点。

① 较高的职业化语言。

② 良好的服务态度。

③ 有效且符合礼仪要求的沟通方式。

④ 保持个人高度的职业化形象。识别度高的职业化形象会让人信赖，也容易赢得尊重。

⑤ 借助技能培训会议积累经验，经常与合作伙伴举办交流技能和分享经验的会议。在房地产的营销工作中，开发商同行、代理公司、媒体、广告公司、分销渠道公司等不仅是合作伙伴，也是营销负责人建立自己专业影响力和口碑的渠道，需要保持和他们的沟通。

六 会议管理业绩的五个方法

营销部需要背负业绩目标，营销负责人要借助有效的手段和方法，营造紧张感，传递业绩压力，促使目标达成。

业绩永远是营销会议的主题。通过营销会议将业绩压力有效地分解与传递，是营销负责人管理会议的重要目标。营销团队不怕有业绩压力，怕的是管理者不敢担当。压力需要分解，而不是推诿和推卸。营销负责人在营销会议中承担决策责任，推进工作积极开展，会吸引营销团队更愿意与领导一起分担业绩压力。

1. 按项目生命周期管理业绩

项目生命周期管理是营销会议中的重要内容，有了项目生命周期的意识，营销团队才能从各司其职进步到统筹协作，以阶段性目标为工作任务，以项目周期时间表为工作节奏。

尤其是新上任的营销负责人，要做到以下三点：

① 立足于宏观层面，俯视单个项目在全生命周期时间历程上的发展脉络和方向；

② 前瞻性地判断和提出当前业绩指标，如销售目标、回款数字等，以求早日预测项目的瓶颈或天花板；

③ 创造激励环境，让团队对于阶段性业绩压力从恐惧厌烦变为勇于挑战。

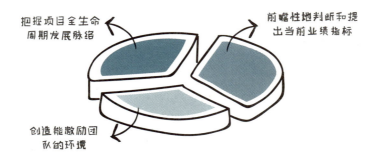

图 3-2-16　按项目生命周期管理业绩的三个要点

2. 应用与营销大数据管理业绩

营销会议的主要任务是汇总和分析项目各类数据。营销负责人是部门大数据的最高管理者，通过会议对销售数据的输出和输入，形成对团队业绩指标和量化业务的认同，形成对数据反馈的服从意识。

① 第一时间统一、规范项目上的各类表格和数据归口标准，以及反馈时间和数据收集人。

② 营销平台有专人收集和分析项目有关的数据和信息，形成统一的报表和反馈形式。

③ 用大数据考核与设置业务量，掌握团队的工作方向和内容，最终达到有效分解业绩指标及压

力的目的。

3. 整合销售与策划管理业绩

在营销阵营中，销售与策划分别是"营"和"销"两类性质的工作：再好的策划如果孤立了销售，就只是凭空臆想。没有人会比销售人员更了解客户情况；反之，没有策划的精准定位和推广宣传，销售就只能靠天吃饭。

一线情况瞬息万变，营销工作内容琐碎且随机，很难形成两个部门的通力协作。两个部门的常态是双方沟通不足，工作内容没达成一致意见，各自为政，各有想法，"营"与"销"没有真正地结合。

新任营销负责人不要低估团队的"借口"心态。改变消极心态，积极整合销售与策划两部门的时候，需要做到以下两点。

① 不放大不和谐，也不把不和谐看作完不成任务的理由。团队在一起，目标是解决问题，不要制造两个部门的矛盾和问题。

② 营销会议上，营销负责人要调和双方关系，组织、组合、配置、协调、协同各种关系和资源来形成合力，最终实现目标。

4. 用目标和激励管理业绩

营销负责人只有向下传递压力，提升管理水平，坚持问题导向，才能让整个团队紧张、振奋起来，全力以赴推进工作，实现销量目标。也就是说，营销负责人管理业绩目标，本质上还是在管理团队。管理策略也是围绕"人"来展开。

① 明确项目各阶段的业绩目标。
② 营销团队分工权责明确，进度、责任可追溯到人。
③ 团队激励（精神鼓励、物质奖励、个人荣誉感培养）。
④ 业绩考核管理（清晰的晋升和淘汰制度）。

5. 用调研与分析管理业绩

新任营销负责人要及时规范市场调研分析报告模板，充分铺排营销团队全面展开市场调研与分析工作，把握市场环境，认清竞争对手实力，掌握客群质量，分析项目市场定位及营销机会。每月组织专题市场调研分析例会，全员参与，共同感受外围环境对业绩达成的影响。市场调研分析可分为四个阶段。

（1）项目前期阶段

① 市场资讯收集与分析。
② 竞争环境调查。

（2）项目定位阶段

① 客群需求特征分析。

② 客群行为特征分析。

③ 价格敏感度分析。

④ 市场细分与市场空间价值分析。

（3）产品方案阶段

① 产品需求分析。

② 产品特征、价值、价格关系分析。

③ 产品竞争力分析。

（4）市场营销阶段

① 媒体渠道选择。

② 营销定位。

③ 竞品推广分析（媒体选择、营销费率）。

④ 项目推广复盘。

第三节
房地产营销报告撰写能力管理

一个成功的营销报告，由三个要点构成：
① 引领听者沿着一个清晰、易懂的逻辑步骤听下去；
② 报告框架能清晰地反映个人或团队的思维方式；
③ 报告重点突出，详略得当，提报者的提报能力和演说能力很强。

 营销报告的核心要求

即便是国内第一阵营的房地产企业老板，也愿意花重金看市场报告，企业对市场真实环境数据和信息的需求永远是刚需。

（一）决策层需要的营销报告

对企业的新任营销负责人而言，首先要搞明白什么才是决策层想要的报告。无非是三大类：专业市场报告、解决问题的报告、行业认可的报告。

1. 专业市场报告

对企业各层级的管理者而言，无论级别高低，都要掌握企业决策层要看的报告类别及来源。

（1）企业决策层看报告的习惯

当企业决策层驳回你向专业信息咨询公司购买收费版报告的费用时，要分析原因。一般有以下两个原因：
① 老板没关注过专业信息咨询公司的公众号，不知道这些咨询机构提供的数据内容和价值；
② 老板常年习惯看免费版的市场分析报告。
收费版和免费版报告的主要差别如下。

① 免费版报告。数据客观真实，但构建的是理想状态、市场大趋势、最大机会、最大向好的市场环境。

② 收费版报告。有具体市场成交数据的分析、多种趋势和可能性的研判，缜密的数据反映出每个节点中市场的细微变化，报告使用者能借助这些数据看出残酷激烈的竞争，以及企业在市场中的机会和方向。

（2）培养企业决策层的市场敏感度

决策层长期看免费版市场数据报告，容易对市场环境产生盲目乐观，认为营销效果都是开盘即热销。决策层对营销部门的期待变高，忽略营销部门面临的市场变化和销售难题。

房地产企业的营销负责人给决策层提供报告时要做到三点：

① 培养企业决策层看专业版营销报告的习惯；

② 培养决策层对市场、竞品、客群等透彻理性的逻辑分析，让整个企业在面对营销问题时，最终能从同一个高度出发；

③ 培养企业决策层使用专业数据报告的习惯，用客观的心态面对真实变化的市场。

2. 解决问题的报告

新任营销负责人上任后，摆在眼前的工作往往有三类：①填"坑"——各种新问题和遗留下来的老问题；②新的环境、新的项目、新的团队带来的磨合问题；③诸多前任遗留的疑难棘手问题。

（1）提升"填坑力"

企业决策层往往不会听业务部门对问题的归类和原因分析，他们要的是"解决"：把"坑"填上，把问题解决掉，然后才谈生存和发展计划。企业检验营销负责人职场能力高低的指标就是"填坑力"。解决问题才能彰显谁是金牌营销负责人。

（2）解决业务上的各类新老问题

对新任营销负责人来说，向"问题"开战，使用普通工作状态无法解决"老大难"问题，因此必须用战斗的姿态攻坚疑难项目。

① 积极调整销售和策划方案，与团队业务骨干梳理解决疑难问题所需要的资源支持、资金支持、人力支持等。

② 快速形成目标清晰、筹备充分、责任到人、方案落地可执行的"解决问题"报告。

③ 充分聚合团队的凝聚力，调动营销团队的工作激情。

可以解决问题的报告还只是纸上的一个方案，决策通过后有人去执行才是解决问题的关键。让决策层感受到你带领的营销团队有饱满的战斗状态，渴望战斗、无惧艰难，勇于向一切疑难问题开战，是新任营销负责人最好的开始。

图 3-3-1　解决报告撰写新老问题的三个步骤

3. 行业认可的报告

房地产行业有自己独属的专业圈子。

（1）加入新领域的营销圈子

新任营销负责人在新环境中要及时找到行业内的专业组织，并积极加入这些专业组织，通过交流学习形成自己的专业判断和市场报告。

表 3-3-1　对行业组织和行业平台的利用方向

房地产专业组织类型	专业数据平台可收集的信息
当地房地产行业协会	城市调控政策分析
当地房地产网络媒体	城市各区域板块的房价发展分析
当地知名房地产自媒体	城市商业综合体发展分析；城市写字楼空置率及新增分析；社会商业招商定位分析；车位促销案例分享
	城市中产置业需求分析；城市刚需置业需求分析；城市学区房未来走势分析
	返乡置业促销案例分享
当地出版的房地产刊物	城市别墅、大平层、挑高、公寓类产品的置业需求分析
当地房地产咨询服务机构	城市二手房交易周期对新房置业的影响分析

营销负责人所在企业面临的各类问题，在以上这些专业结构或组织内绝不是个案。加入这些专业组织，学习海量案例能学习到丰富的专业技能。

（2）在行业圈子中发出自己的声音

营销负责人要通过对专业内容的长期观察、数据积累、资讯收集整理等，形成个人专业视角的分析报告（或文章），利用这些组织平台，有针对性地发表个人文章或讲座视频，积极从专业视角分析和参与房地产行业热点话题。这样做的好处有两点：

① 在本地区发出自己专业的声音,既能得到行业的背书和认可,又能建立行业内的地位和口碑;

② 在此类专业平台上发表报告或文章,作者署名时会备注就职企业,这无疑也传播了企业的品牌,无形中加持了决策层对你专业度和视角高度的认可,使方案(报告)通过率大大提高。

(二)专业营销报告的结构

撰写专业营销报告可采用"五个一"法则。

(1)一个方法论

① 目标界定。② 目标下的问题。③ 解决问题的方法。

(2)一个策略推导

策略推导工具就是我们营销人常说的项目 SWOT 分析,即项目本体分析(优势、劣势)和市场环境分析(机会、威胁),从而推导出本项目的策略。

(3)一个总攻略

营销总攻略是指在企业营销策略指导下,根据消费者购买行为及过程来决定企业的营销安排,包括涉及整个营销环节的组织行为,如推广、展示、价格等。总攻略是项目目标与执行安排之间的关键点,可以视为上传下达的沟通工具。

对营销部门来说,从总攻略的方向到总攻略的具体举措,是一个创意和营销的过程。做总攻略的目的主要是影响目标购房者。营销总攻略从确定到传播主要分四步:① 让客户知道;② 让客户认可;③ 让客户购买;④ 让客户叫好。

图 3-3-2 营销总攻略从确定到传播的四个步骤

(4)一个总控图

总控图是为了完成目标,各个单位的动态计划表,与时间节点相关联。营销总控图一般包含销售目标、工程节点、推广计划、活动安排、关键物料等。部分竞争激烈的项目会增加各时间节点中应对竞争对手的情况,使营销计划更有针对性。

图 3-3-3 营销报告总控图的五项内容

（5）一张计划总表

计划总表是我们通常意义上的"大表"，是在总控图基础上进行营销执行工作的细化分解。营销计划总表一般分为两个部分：策略安排部分和工作分解部分。

需要提醒营销负责人的是，营销计划表必须落实清楚三件事：规定在什么时间，由哪个岗位的人，负责什么性质的工作。

营销计划总表与营销总控图结合起来，就能更好地控制营销工作的推进速度和完成质量。

（三）学习和改进的态度

营销报告最能体现制作者的专业技能。但这些技能要多年如一日地付出和积累。营销圈作为职场的一个领域，好比时尚圈，新技术、新玩法、新词汇从出现到过时非常得快，一两个月不学习就可能落伍。对营销人来说，没有一成不变的专业技能，也没有一劳永逸的专业技术，唯有不断进取、不断学习，才能保持与时俱进的营销专业度。

营销负责人要搭建自己的技能学习库，一方面需要定期收集优秀房地产企业、代理公司、信息咨询公司的营销报告案例；另一方面要不断总结自己和对手的经验教训，不断进行自我复盘。

专业营销报告的要求和写法

营销报告专业标准的确很难量化，但制作营销报告要确保专业水准。

企业决策层不会亲自撰写报告，但市场经验丰富，操盘无数的实战眼光，造就他们敏锐的洞察力，能够一眼鉴定出营销报告是否在水准线上。

营销负责人制作房地产专业营销报告，一不能做虚假数据，二不能企图走捷径。只有达到水准的营销报告才能展现营销负责人丰富、高超的专业技能。

高水准的营销报告能传递出营销负责人的思考过程。

① 为什么这么做，即结合目标下的问题和确定方案的目的。

② 具体要做什么，即问题下的执行动作铺排。具体准备怎么做，落实到时间、责任人、协作部门等，并已做好了通盘考虑和全面筹备。

评价营销报告的水准和专业性，有五个标准：①方法论体系完善；②策略推导视角全面；③营销总攻略目标统一；④营销总控图具体可行；⑤预算表事项清晰。

1. 方法论体系完善

（1）界定目标

① 业绩（时间、速度）目标：认筹率、解筹率、月均销售套数等。

② 价格目标：入市价格、整体实收均价等。

③ 品牌目标：品牌建立、差异化竞争、维护等。

④ 分解目标：阶段目标分解，细化到季度、月、周及项目、小组、个人。

（2）界定目标下的问题

① 基于客观环境并结合年度目标。

② 罗列出确定直接影响目标实现的问题。

③ 明确目标问题，这个目标问题就是报告方案的主题。

（3）解决问题的方法

工作中的方法有两个特点。

① 要做到围绕目标、围绕解决问题展开。

② 尽可能提供可供决策层选择的多套方法。有一点需要说明，如果专业报告中的方法不能解决目标问题，那么即使内容再"漂亮"，也应删掉。

2. 策略推导视角全面

策略是目标牵引下解决问题的思考路径。传统有效的策略工具是SWOT分析，即项目本体分析（优势、劣势）和市场环境分析（机会、威胁），推导出项目的营销策略。

（1）项目本体分析

项目本体分析包括：

① 项目本体研究；

② 各种资源挖掘；

③ 项目核心价值，即项目自身的特性或属性，相对于竞品的优势，项目带给客户的价值；

④ 项目SWOT策略推导，即发挥优势、抢占机会，发挥优势、转化威胁，抓住机会、克服劣势，减小劣势、避免威胁；

⑤ 项目形象定位。

（2）项目竞争、市场机会分析

① 竞争分布分析。

② 区域内竞争分析。

③ 区域外竞争分析。

④ 竞品推售时间表。

⑤ 项目与竞品各指标对比分析。

（3）客户需求分析

① 目标客户定位（是谁）。

② 客户地图（在哪里）。

③ 客户核心需求（要什么）。

3. 营销总攻略目标统一

营销总攻略是在策略指导下，整个项目根据客户购买行为及过程确定的营销动作铺排。包含的内容涉及整个营销环节的组织，如推广、展示、价格等。总攻略是项目目标与执行安排之间的关键点。总攻略一般分为四个过程。

（1）让客户知道

让客户知道，就是让市场目标客户知道我们在卖什么？这涉及两点：形象定位和媒体推广。

（2）让客户认可

让客户认可，就是让客户在对比之后对项目产生认可。这里面有三个内容：项目展示、现场服务和客户体验。

（3）让客户购买

让客户购买就是让客户在认可项目价值后产生购买行为。这涉及两个项目策略：价格策略和推售策略。

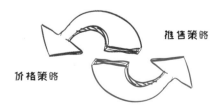

图 3-3-4　影响客户购买的两个因素

（4）让客户消除置疑

让客户在购买决策前消除对项目的各种置疑要靠三个口碑：业主口碑、业内口碑和市场口碑。

在统一总攻略的指导下，项目做各种营销推广，目的是为了让客户到场，企业有机会展示和销售服务，最终都是为了促成客户购买。

从总攻略的方向到总攻略的具体举措，需要营销负责人打通各个环节，整个企业能方向一致地为总目标服务。

4. 营销总控图具体可行

营销总控图是为完成项目目标单位而制作的营销动态计划表。

（1）总控图内容

① 与时间节点相关联的，包括营销节点、工程节点等。

② 包含销售目标、工程节点、推售组团计划、推广计划、活动安排、关键物料等，部分竞争激烈的项目会增加各个时间节点上竞争对手的情况，使营销安排更有针对性。

③ 总控图下的营销策略：按照总控图的营销节点划分阶段；按照阶段目标确定各阶段的营销主题；按照总攻略安排关键举措。

（2）总控图与总攻略的区别

总控图与总攻略最大的区别在于以下三点：

① 总控图是将总攻略下的营销动作结合销售目标、工程进度等动态的时间节点进行工作安排。如什么时间什么人员及物料必须到位等；

② 总控图是利用营销推动开发企业工程部安排工作的重要工具；

③ 总攻略是纯营销安排且相对静态的。

5. 预算表事项清晰

企业内发生的各类费用、人力、进度等问题，都需要做预算分解，目的是清晰各类费用预算，掌控费率指标。大部分房地产企业解决这个问题的办法是按月提交预算申请。

（1）预算表要自我检查

企业管理集团不会随时提醒区域及项目上的费用使用情况，项目部要自行掌握各类费用预算是否已经超标：如果所有工作都按原计划执行，则营销费用将会有额度可供继续使用；如果工作计划变数很多，或销售回款滞后，则部门的费用必然超标。

（2）预算表内容清晰

事项罗列清晰的预算表能反映出营销负责人对费用把握的用心程度。决策层关心要用多少钱，更关心钱是怎么用出去的。预算表包含但不仅限于以下内容：

① 全年及各阶段营销推广的费用预算；

② 全年及各阶段营销人力费用预算；

③ 全年及各阶段营销佣金费用预算；
④ 全年及各阶段分销及渠道费用预算。

三 营销报告快速过关法

1. 准确把握决策层的时间观

决策层的时间观念和下属的时间观念不是一个时间观念。

（1）理解老板的时间观念

当领导对你说"这个方案周末前做好给我"，你的解读是，领导周末要看报告，在周末结束前提交即为完成承诺；其实领导的意思是，周末前是星期五下班之前，周三或周四给我就更好了。

（2）提交报告的时间要精准

对决策层"主动要"的各类方案报告，在时间上一定要精准把握；内容再好的营销方案，如果给的时间不对，也很难一次性通过审核。

2. 搭建营销报告逻辑结构

能征服决策层的营销报告，在内容丰富的前提下，逻辑结构一定要经得起推敲。决策层点评营销报告时通常会提出如下质疑。

① 听了几十页的市场分析，我不知道分析它和我们项目有什么关系？
② 项目的关键问题是什么，报告里没说清楚。感觉整个报告就是堆砌了一堆资料、数据，这样房子能卖掉吗？
③ 营销团队什么都想做，什么战术都有，就是没有核心战术。这些战术能不能执行，需要花多少钱？

这些话语每一个营销负责人都很熟悉。营销负责人的方案及提报能力都是在这样的语境中历练成长的。

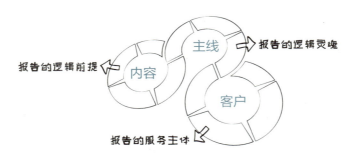

图 3-3-5　营销报告的逻辑结构

第三节 房地产营销报告撰写能力管理

（1）内容，报告的逻辑前提

决策层对报告的逻辑疏漏，拥有天然的洞察能力。营销报告能一次性过关，不是靠篇幅，不是靠排版，也不是靠其中的策略亮点，而是靠在一条精妙的逻辑线上将内容合理地穿插进去。内容是逻辑结构的前提。好的报告像是结构稳定的积木，抽动其中任何一块，都可能会令整个体系失效。检验报告的逻辑有三个手段：

① 对已完成的营销报告可以尝试删减某部分内容，看看核心结论是否仍然成立；
② 可以尝试移动某部分内容，看看报告顺序是否仍然完整；
③ 凡是报告引用的数据内容，必先想好内容的总结方向。

（2）主线，报告的逻辑灵魂

营销报告中确立主线尤为重要。主线就是决策层团队心中关于项目营销的"大问题"。

一份专业营销报告的主线有三个层面的问题：企业层面问题、项目层面问题、营销层面问题。

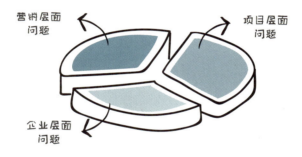

图 3-3-6　营销报告主线的三个层面问题

表 3-3-2　营销报告主线的三个层面问题

序号	问题层面	内容
1	企业层面问题	①发展中的企业：资金链的投入与开发量的问题；开发节奏与市场节点脱节的问题；工作程序中的跨部门协作问题 ② 相对成熟的企业：品牌造势，如何惊艳亮相，全面提升项目档次；竞品降价形成的滞销问题；多项目的资金、市场、客户协调问题
2	项目层面问题	①繁华区域：容积率规划与产品舒适度的问题；组团、产品组合的开发策略问题；营销速度与利润最大化的平衡问题 ② 陌生区域：示范区、样板间策略，确保项目首开成功的问题；客户寻找、挖掘、引导问题；推广前置，区域价值建立、引导问题 ③ 大盘开发：资金链的安排、资金滚动的问题；每期之间的衔接问题；客群挖掘，提升后期营销力的问题 ④ 小盘开盘：创造高利润、价格突破的问题；树立独特品牌形象的问题
3	营销层面问题	营销费用审批流程对执行效率的影响问题；滞销项目如何利用有限的营销费用形成突破的问题

与决策层团队针对项目的沟通交底会，是确立主线的唯一途径。

在交底会上，决策层团队往往会发散思维，发表高谈阔论。营销负责人在梳理讨论内容时要解决这类交底会出现的主线问题交叉板结、自相矛盾、难以确定等矛盾。

如果让这类交底会矛盾变小，就要在沟通前期对营销工作有更多的充足准备，对所取得的资料充分熟悉，并推演出问题的聚焦点，对决策层团队所提问题中自身矛盾的地方现场呈现，对决策层团队的问题进一步追问，以求挖掘问题真相。

不要妄想只做一次交底会，经过一次沟通就能确立营销报告的主线。营销负责人还要利用整理调研资料的时间机会，与上层再次进行电话沟通；利用市场调研结束后的沟通再次调整报告内容。

（3）客户，报告的服务主体

从一份营销报告的价值来看，关键不是报告所分析出来的市场问题和客户数据说明了什么，而是撰写报告的人要用市场分析和客户数据说明什么。

营销负责人与普通策划的区别在于，能够在众多的数据之间建立关联，以市场和客户的实际状况去说明想说明的事情。不以客户问题、客户目标、事实问题为中心依托的营销报告，逻辑越完善，潜在的危险性越大。

一个能快速通过领导审核的营销报告，要在三个层面做到达标。

① 报告整体内容达标。即报告中的分析和结论清晰。

② 报告逻辑结构完整，能够一次提报。即征服决策层的报告，要逻辑清晰、结构紧凑、系统完善。

③ 整体方案具有全局性结论。很多报告被反复打回重写，就是存在一个共同的问题：逻辑没问题，报告没问题，但解决问题方面有问题。有结论的营销报告，要提供解决客户问题（大问题）的方案，还要提供可供选择的方案。

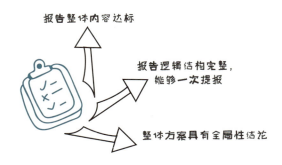

图3-3-7　易过关的营销报告要做到三项内容达标

主线问题的可能差异性：在关注项目市场问题的同时，有无兼顾客户问题。仅从市场本身研究出发所得出的结论，可能与兼顾市场条件和客户问题所得出的结论有重大区别。

3. 注重营销报告的汇报策略

（1）成功提案的基本元素

① 说什么：描述、选择、建议。

② 谁来说：职称、地位、背景。
③ 怎样说：状态、肢体、声音、语调、个人魅力及辅助工具。

（2）成功提案的基本技巧

可以一次性通过的营销报告提案是做过充分准备的：分析收听对象，设计提案内容，有生动漂亮的结尾。听者对提报者的印象一般基于三个要素：语言内容、声音、视觉。

表3-3-3 成功提案的基本技巧

主题	步骤	内容
策划与组织技巧	分析决策层	① 他们是谁：年龄、性别、职务、经验、学历 ② 态度如何：期望、例行、支持、反对 ③ 哪些技巧可吸引注意力 ④ 哪些技巧适得其反
	设计内容大纲	开场白设计，清晰的目标，内容概括，提案主体重点突出、有视觉工具设计，回顾、总结、结论反复强调
	生动的结尾	① 制作者精心策划并积极组织提案 ② 提案者集中思维，表达充分，达成决策 ③ 节省决策层时间，明确方向和目标，解决实际问题
演练	反复练习	① 多练习开场与结语 ② 每次演练时选择一种表达技巧着重练习
表达和表演技巧	有针对性地练习	① 调整情绪、临时换角、改换主题 ② 明确观众是谁，与会者想看到什么，要给他看什么 ③ 报告提案谁来演，在哪演，什么时候演，怎么演
	陈述内容技巧	① 与决策层保持适当互动 ② 控制整场的舒适度和活跃度 ③ 重点表述词汇、句子，引导决策层提出问题 ④ 事先组织好措辞，有效回应各类提问
	表达方式技巧	① 态度真诚、充满说服力，发音清晰、语速适当、吐字连贯、语音抑扬顿挫有节奏 ② 注意控制时间，同一内容不要反复表达
	形体语言的技巧	① 形象清爽、整洁 ② 全程视线与倾听者有交流 ③ 站姿挺拔，辅以适当的手势和适当的位置移动

权威机构研究发现，视觉神经对大脑的控制比听觉神经强很多，人类学习的感官来源有85%来自视觉。合理使用视觉辅助器可以明显提高学习或理解的效果，它具有四个特征：①明确点明主题；②节省时间；③吸引注意力；④加深记忆印象。

图3-3-8 提升理解力的视觉辅助工具有四个特征

（3）视觉辅助工具的运用

① 精美的 PPT 排版。尽量不要使用系统自带模板，而是要购买各类制作精良的 PPT 和元素模板，逐步形成独特的风格和表现形式。

② 电脑、投影仪。提案时最好自带电脑，如果不能自带电脑，记得将 PPT 文件转成 PDF 文件，以免出现由字体设置带来的排版显示问题。投影仪和笔记本电脑也要事先调试接口，检查会议室的投影仪接口是常规的还是高清的，苹果笔记本电脑要携带接口转接设备。

③ 照片、图片。注册几个收费的图片下载网站账号，一张好图胜千言。

④ 音响、话筒。尽量保证能有两个手持话筒（手麦），检查电量和备用电池；给领导配备坐式话筒和激光笔。

⑤ 大型图表。策略铺排、费用预算、重要节点计划等重要表格可以放大打印，并记得配备计算器，供领导参阅及验算。

（4）结束前效果达成

① 整理会议记录。正面回复决策层对提案的问题，统一意见，达成共识。

② 落实执行。明确责任与分工，执行方案决策的后续工作。

③ 确定改善事项。尽力缩小待调整、待改善的内容对本次提案决策的影响，若已形成明确的影响，则应当场敲定下一次提案的时间。

4. 提案技术训练有素

报告的重点不是由提报者设置，而是由决策层的关注点决定。

（1）详略得当，重点清晰

面对领导，报告提案要干脆利索，详略得当，问题和重点非常清晰。如果提案的讲述拖沓混乱，无论研究方法和过程如何客观，思考过程结构如何严密或富有逻辑性，决策层都会认为这个方案"感觉不对"。

（2）关注与会者的反应

提案不是一个人的演讲。提案者要记住以下三点。

① 不能只顾演说自己的 PPT，PPT 是汇报的道具，从本质上说，汇报提案就是一场表演而不是演讲，汇报者要用行动带动决策层的注意力。

② 把汇报变成演讲是危险的做法。因为演讲对能力的要求比提案高百倍。

③ 把营销汇报变成座谈会更危险，因为决策层的思维发散起来，会让做具体工作的营销部门无法收集具体问题，无法得到工作指示，也无法获得资源支持。

因此，营销部做报告提案，要具有掌控局面的能力。首先要与决策层保持目光的接触与交流，多留意决策层的肢体动作：皱眉、拿笔记录、点头沉思，都表示对方已经疲惫；离开会议室且示意你讲不必等他，低头玩手机或把玩其他小物件，说明对这次的报告不感兴趣。其次，不要忽视与会者的反应，并有根据反应调整汇报方案节奏的能力，以便把领导者的注力重新拉回到汇报现场，并尽量促使报告成功通过。

第四节
房地产营销团队选拔培养管理

营销负责人需要长期关注的市场动态就是品牌房地产企业的全国布局策略和中小房地产企业的深耕区域。

营销工作对营销负责人的挑战有三个：

① 选择去区域工作的，要忍受亲情分离和身体健康的压力；

② 选择在一二线城市工作，则意味着靠近总部，要随时开会，时刻待命，且应酬繁多；

③ 在三四线城市工作，就要加快开盘节奏，产品货量大，市场饱和度高，需要专业过硬，技术手段扎实。

优秀的团队是打胜仗的前提。营销负责人在人才管理上要时刻关注三个问题：

① 可以从哪些渠道招人；

② 企业看重什么特质的人，要招聘什么样的人能兼顾公司对人才的标准要求；

③ 如何用企业平台为优秀人才赋能，并提高工作效率。

 一 房地产企业人才管理方式

一个团队想获得成功的业绩，专业得力的人才是关键。一个企业的人才管理，应该把普通人当成优秀者，让普通人成为优秀的人，才是真正的管理，才是企业内部让员工实现了自我成长。

房地产行业无疑是兴盛行业，但兴盛行业并不意味着有大量成熟的人才可用。营销负责人组建销售团队只有从企业需求和用人标准出发，才能不走弯路。

1. 中小房地产企业分阶段选拔人才

房地产企业的营销部门需要较高层次能力的人才，即具有销售冠军业务水准的人才。这类人才的能力水准是：客群洞察能力、产品价值包装能力、渠道拓客能力。

根据人力资源研究机构调查,当前中国房地产销售行业包括二级市场和三级市场,粗略统计,从业人员已经超过 300 万人。由于缺乏系统的行业培训,平均业务水平处于初级销售人员层次,工作能力属于业务接待、项目推销级别。中小型房地产企业在营销条线的招聘及培养人才方面有两个策略。

(1) 短期用人依赖项目经理

房地产企业短期的销售业绩,需要依赖优秀的营销经理:营销经理强则团队强,营销经理弱则团队弱,较难对周边竞争楼盘构成威胁。

(2) 长期用人依赖组织培训体系

房地产企业长期的人才策略,是借助内部搭建的学习培训体系。由企业内部讲师和企业外聘讲师共同完成团队的阶梯式培训。

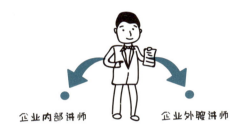

图 3-4-1　房地产企业团队阶梯式培训

中国的房地产市场化发展至今已经有三十多年。在三十多年的发展历程中,房地产企业的销售培训基本停留在逼定技巧、百问百答、沙盘区位说辞等"客户必来"的假设中。

什么是客户必来?就是营销团队的销售工作只演练如何说服客户至最后成交的技能。至于客户在哪,客户怎么来,全都交给负责策划的乙方服务团队。

在国内著名品牌的房地产企业中,很多即便是履历光鲜的策划负责人,同样缺乏"策划"意识,营销方式不断重复传统常规动作,鲜有创新。可以利用数据工具和新式传播媒体做销售的人非常少。

如果房地产营销部门把大部分培训工作者放在基于渠道的带客引流和基于销售的"杀客逼定",策划部就成了可有可无的部门。这些销售前必须掌握的数据,比如一场营销活动能产生多少认购,一次推广能带来多少实质性客户,就失去了可靠的研判。

2. 房地产企业营销人才缺乏新思维

互联网时代,媒体和媒介等传播方式的变化,让营销的打法发生了巨大的改变。整个房地产行业的营销团队,都面临着同样的销售痛点。

表 3-4-1 营销团队在房地产销售中的痛点

销售指标	销售痛点
人气	客户自然到访量不够，过往转化率经验失效
价格	区域竞品撑不下去了，降价后优势明显
技术	案场逼定套路单一，对客户的把握能力不足
拓销	渠道都上了，动作也不少，但不见有效来访
压力	领导说业绩指标没有任何理由，必须按时完成
预算	营销费用率绝不增加，想做又不敢做推广，犹豫不决

媒体平台和传播方式的骤然巨变，对房地产营销负责人是一个巨大的考验。因为对营销管理来说，使用渠道传播要为效果付费，运作销售方案是刚性支出。营销负责人要明白以下两点。

（1）营销人才效能不足

营销策划工作的特点是付费前置，管理效果很难评估。顺应时代变化，用新技术新思路做策划、做传播、做营销，是个全新的大课题，除了要给自己的策划团队足够的变化和成长时间，还要允许团队犯错，干预纠偏，最后实现团队效能的整体提升。

营销负责人做管理营销首先要解决好人才的管理和储备问题。在转型时代，营销负责人尤其要注意，不能坚持固有的理念，一味以结果论，唯效果是问。否则会让企业的销售和策划团队失去成长的土壤和实践的养分，很难带出来一个可以创造优秀业绩的团队。

（2）营销人员固守思维传统

在移动互联时代，新的传播媒介打破了一切旧的营销规则。但房地产行业的营销策划，并没有与房地产行业的发展齐头并进。原因有两个。

① 房地产企业发展模式趋同。无论是品牌标杆房地产企业，还是年度销售榜单外的中小型房地产企业，都在继续高周转的模式。管理者不会认真听策划谈推广计划和节奏，策划团队也没有时间施展"十八般武艺"。这种模式的背后是高速度、低质量、缺乏竞争力的产品，给营销策划后面的销售工作埋下了无数难题。

② 存在了多年的行业运作模式导致策划行业发展缺乏后劲。一方面，移动互联时代来临，人们进入共享社群时代，传播媒体和方式发生了颠覆式变化，传统推广方式失效；另一方面，房地产营销从业者很难在市场上发现让人眼前一亮的房地产项目策划方案，很多看起来完美的方案，却吸客无力，因为客户没兴趣参加。

以上两点决定，营销部门培养新的人才就是要打破房地产行业和策划行业的旧有传统，在打破行规的基础上创新。

3. 快速培养人才的方法

房地产企业最终都要走全国化扩张的发展之路。企业和项目会进入新城市，需要在当地建立本土化营销团队。这给营销负责人带来两个管理难题：

① 新员工能力参差不齐,短时间内无法建立一支能打胜仗的精英队伍;
② 新员工不熟悉企业文化,需要长时间磨合,导致一线营销的战斗力不足。

规模房地产企业要实现有质量的增长,必须要建立起一套完善的人才提拔和培养机制,打造内生型的营销铁军。

(1)高职级员工关注业绩

集团、区域/城市、项目的主要负责人要手执红黄牌机制,对营销团队负责人这样的高级别员工,重点考核其业绩完成率,并将考核结果和收益晋升挂钩。

(2)中层员工关注能力

区域营销负责人,将项目每月销售佣金的20%左右款项用来做奖励,按照"一准四好一快一强"标准,根据区域考核排名重新分配发放。通过这种方式,迫使销售团队关注中层员工专业能力的提升和实战能力的增强。

(3)基层员工注重人才梯队

区域营销负责人可以将区域、项目上的各营销管理岗位纳入赛马机制,考核各管理职能的四类强关联指标:①策划对到访负责;②重点考核到访率;③销售负责人考核转化率;④渠道负责人考核到访完成率。

营销费用管控落责到人,每项费用由直接相关的条线负责人管控,并纳入考评机制。建立一个以专业能力来评估的晋升渠道,打通一线人员的上升通路,提升区域和项目的腰部与腿部力量。

(4)明星员工能力与时俱进

市场环境影响房地产销售人员的发展前途。随着市场的发展和行业的进步,行业对房地产销售人员的要求也不断晋级。

① 1.0时代销售员:有问有答型接待员。
② 2.0时代销售员:主动出击型推销员。
③ 3.0时代销售员:拓销一体型置业顾问。
④ 4.0时代销售员:流量网红型职业经纪人。

如今,房地产销售人员已经进入职业经纪人4.0时代。客户到访难上加难;5G技术加速营销进入自媒体时代。流量入口将重新定义销售员与客户之间的关联。房地产销售更需要以一当十的明星员工和销售冠军。一个团队中多几个这样的销售人员,业绩就能快速提升。

 培养营销人才忌六种思维

企业用人标准不当,会人为形成六类不利于营销人才成长的思维。

1. 只谈思路不谈方案

在营销上特别喜欢谈思路的企业，多数是相对集权的管理模式。本质上是由企业各个授权体系先决定使用哪一种操盘思路，谈完思路由决策层拍板决定方案，再给营销团队资源和政策上的支持。这一类企业的所有营销工作都在这个大前提下推进。

企业这种集权化管理体系，容易使团队个体缺乏整体思考，缺少工作智慧。接受多头管理的营销团队，很容易放弃作为一线人员的创新思考。营销方案成为企业领导层意见的"最大公约数"，罔顾市场需求和规律，大大阻碍了营销人才的创新和进步。

2. 只谈执行不谈专业

在管理权较集中的企业中，管理层的权威绝对性排在第一位，表现在：不愿意研究客观市场条件；不愿意给下一级团队更多陈述理由的机会；鼓励团队不计条件地达成工作结果。

在这样的企业环境里，表决心和打包票的营销团队更容易获得领导支持；而能拿出专业市场和风险分析的营销执行人员，尽管方案透彻理性，却未必被决策层接纳。

在管理权集中的企业中，如果专业优秀人才没有很高的管理权限，工作就只能以执行为主，缺乏发挥才能的空间。这种组织环境会导致企业无法自己造血，无法培养出自己的精专人才。

3. 只看业绩不谈管理

很多房地产企业，迫于现金流和高周转的压力，会把销售目标放在很高的位置上。企业所有的管理手段都以业绩为核心：员工管理升职靠业绩，领导者管理成效也靠业绩。

一个只谈业绩的团队，企业文化就是"业绩定成败"，而忽略了在企业管理中，与完成目标同样重要的管理细节（流程标准、策划创意、协同合作、人才培养等细节），从而导致整个团队的执行效率降低。最后，很多问题只能由营销负责人去解决，这种工作压力需要营销负责人自行评估。

图 3-4-2　只看业绩的房地产企业易忽略的四个管理细节

4. 只谈意识不谈激励

营销团队是最需要紧迫意识的部门。提升营销团队的紧迫意识，需要企业在管理上做到两点：① 不断营造创新的氛围；② 提供有效的激励方法。

同时涉及企业的三个管理细节：

① 如何制作团队激励政策；② 如何制定考评激励的基础业务量；③ 如何给团队明确的业绩目标感。

如果一个房地产企业采取的是集权管理，那么营销团队就必须一切唯上是从、唯命是从，输出意识和工作观点时，都变为斟酌和估计领导的感受。长此以往，就失去了一线人员可贵的主动性和目标感。

5. 只谈开会没有沟通

这个问题是紧接着上一个问题出现的。如果一个营销团队缺乏主动性和工作积极性，推进工作就需要不断地开会，但在真正需要沟通的工作现场，大部分人却已经失去了表达的能力和意愿。还因为一直缺乏工作实践的历练，沟通表达能力一再弱化，团队活力全无，死气沉沉。沟通会变成了跟着领导开会、写会议纪要、领工作任务。基于业务的会交流，成了领导的一言堂，整个团队的创造力就这样丧失了。

图 3-4-3 没有沟通和表达锻炼的团队没有创造力

6. 只谈晋升不谈路线和标准

从员工角度来看，岗位晋升可以带来待遇改善，使未来发展潜能提高。职场人最梦寐以求的事当然是升职加薪。晋升除了意味着工作报酬提升，还意味着工作责任更大，更大的自我成就感和满足感。

对营销负责人来说，给员工晋升是承认和开发员工能力的重要方法。尤其是对忠诚度高、专业技能强、成绩显著的员工，领导者应积极地为他们创造条件，使他们快速成为业务骨干和中坚力量。

（1）晋升路径设计

晋升是什么？什么样的人在企业内升职加薪最快？企业和营销部门都要保证有明确的制度设计，

保持顺畅通达的晋升路线，避免各类专门人才的流失，避免员工失去奋斗目标。

（2）避免人为损害

很多管理者没有为员工设置晋升通路和标准，意味着缺少晋升所带来的价值和意义，这非常损害团队积极性，本质上也会损害团队价值。长期任由高痛点人为环境蔓延，必然导致四种恶果：①营销各节点滞后，且责任不明；②组织内没有推进工作的"牵头人"；③营销基础业务动作趋近无效；④业绩达成率低。

如果这些恶果积压过久得不到解决，营销部门就没有好用的人，企业营销负责人就无法完成高额的销售业绩。

培养全员领导力

未来，在管理成熟的房地产企业中，个人及团队的领导力会有质的转变。全员领导力成为不可逆的未来趋势。有自觉和反省能力的优秀企业，会主动营造并提供能锻炼全员领导力的环境。随着社会和经济发展，新型职业经理人的能力素养已经改变了内容，全员领导力就是其中之一。全员领导力，简单说就是企业内的所有员工都要具备领导力。

1. 人人都有领导力

新时代优秀合格的营销人是复合型人才。从知识和技能领域来看，需要房地产营销人懂得"一切"：懂自媒体、懂内容营销、懂渠道管理、懂圈层营销、懂客户需求，还要懂产品、懂拿地、懂成本控制和大数据使用。

（1）随时进入多团队合作模式

一般在一个企业里，一个领导会与多个追随者组成一个工作团队。他们的协作模式由三个环节构成：

① 领导考核各个成员的能力和业务量，然后分配工作；

② 领导主持会议，大家汇报工作；

③ 领导总结，成员按照领导指示调整自己的想法。

如上所述，员工跟在领导身后等下一步指示，这样的工作模式很多职场人都熟悉。这种模式考验的是领导者的个人决断力和团队执行力。

但是，从高知名度房地产企业每年高层管理团队的人事更迭可以看出，房地产企业的人事管理制度在不断调整，目的就是制衡以上这种传统的领导力模式。

（2）推进工作具有领导意识

全员领导力模式的目的是促进工作组织团队全体都具有领导意识。表现为：

① 全体成员都理解团队整体目标和业务量；

② 团队会根据总目标，决定如何分配工作，以及每个人的工作内容；
③ 每个成员在必要的情况下都能对工作的执行方法进行讨论，提出改善意见；
④ 团队成员可以自己做出工作决定，并预判和承担决定可能带来的风险。

图 3-4-4　全员领导力员工的四个能力特点

2. 破除"很乖"的团队风气

尽管大部分房地产企业都进入了标准化管理阶段，企业内部基本能实现自觉度高且积极优化的组织效能。但是，仍然有管理风格传统且保守的企业，这些企业在做人才管理时，喜欢顺从和听话的员工。

对个体管理者来说，企业组织架构犹如果壳，意味着行为的局限。坚硬的"果壳"包裹着领导力，唯有能力极其优秀的营销负责人才有机会彰显锋芒。

（1）识别乖顺的气味

企业喜欢把各业务板块人才驯化出"很乖"的性格，表现为：
① 对领导毕恭毕敬；
② 对领导的意见不反驳只服从；
③ 发言前总考虑自己的立场得失，不会就事论事；
④ 打压所有挑战或冲破组织固有和谐的人和行为。

（2）拒绝乖顺的员工

房地产企业的营销负责人，要有勇气和魄力打破这种风气。因为营销需要速度和激情，温顺乖巧听话的员工做不好营销和销售工作。

营销负责人要做好以上两件事，还需要具备两个能力：
① 争取到足够能行使管理权限的职位；

② 从管理能力、领导能力、竞争能力这三个维度去拓宽自己的领导力。

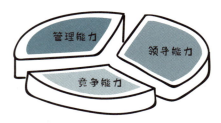

图 3-4-5　营销负责人领导力的三个维度

3. 形成自己的领导者风格

一个有领导能力的营销负责人，必须有清晰独特的领导风格。我们可以从风格层面，把各种类型的营销负责人领导力做一个分类。

表 3-4-2　五类企业营销负责人的风格特征

序号	类型	风格特征
1	明星领袖	有愿景、有远见、有魅力
2	豪情英雄	不惧挑战、锐意创新、坚韧坚持
3	温情导师	睿智理性、包容豁达、赋能分权
4	实干猛将	亲力亲为、冲在一线、主动担责
5	常见领导	喜欢开会、谴责下属、决策纠结

营销负责人需要明白一个道理，集权式的决策体系，只有最顶端才需要领导能力。分散型的决策体系，所有人都需要具有领导能力。通过领导能力解决与自己关联的工作问题，能够实际感受到自己在成长，能够实现自己的世界观。钢铁不是一天炼成的，领导力风格也不是一日成就的。在未来，能快速成长、迭代的领导者，比当下能力优异更重要。

四　团队建设激励的两个措施

1. 团队氛围及管理

（1）个人收入

个人收入是一切团队战斗力的重要保障。管理者要调动整体积极饱满的工作状态，需要了解三个方面：

① 掌握员工对自身薪资待遇的满意度；
② 掌握员工工作安排的饱和度；
③ 使员工薪资结构充满竞争力。

（2）案场激励制度

销售中制定的经济处罚极易引发员工的负面情绪。管理者要针对散发负能量的人员进行正确的行为引导，发现和处理都要及时：

① 科学合理的案场激励考核制度；
② 可执行的业务量化动作指标；
③ 定期组织员工活动，消除员工之间的陌生感，促进各板块之间的沟通顺畅；
④ 活动参与和工作任务合理安排，员工参与得要尽兴，达到身心体能积极健康的目的。

2. 全方位提升销售冠军的组织内待遇

对企业而言，实现业绩可以获得生存和发展的机遇；对个人而言，创造业绩可以获得收入和社会地位。

在任何一个销售团队中，销售冠军这个角色都注定会拥有绚丽的光环，如果销售冠军的评选公平合理，不但会让团队服气，还能借助这个角色触动整个销售团队的战斗力。

全方位提升销售冠军的待遇，传递出组织业绩为先的决心，销售团队自然会趋利效仿，形成一种"强者为王"的销售文化。提升策略有以下四点。

（1）给销售冠军"非同一般"的待遇

① 专用胸章或制服（一眼就能看出谁是销售冠军）。
② 专用 VIP 室（会客洽谈、午休等）。
③ 专用停车位。
④ 精美的午餐。
⑤ 加班专车送回家，安全暖心，案场晚会上能更安心地整理客户数据和制定客户销售方案。

（2）现金激励

很多企业对销售冠军的奖励都很隆重。

① 给年度销售冠军现金大奖的传统。不但可以给内部销售人员做出示范，也可以给同行做出示范，抬高了竞争企业的挖人成本。
② 给月销售冠军提前发奖金。
③ 对单项目冠军进行排名，比如对认筹、认购、套数、面积、金额逐一进行排名，奖金以现金的形式发放。
④ 为销售冠军做隆重的表彰大会。

（3）成就激励

① 写推荐信，即发放有企业盖章的经历证明，为销售冠军的优秀业绩背书。
② 企业高管邀请各类销售冠军共进晚宴。企业对有卓越贡献的销售人员除了给予物质奖励外，还要给予精神层面的交流和嘉奖。

（4）晋升激励

① 给销售冠军完整的操盘管理系统化学习和轮岗机会。尤其是竞争对手能开出的人力条件，在本企业要更好地实现，以稳固优秀人才。

② 主管、经理层级的管理岗优先从销售冠军中提拔，更好的晋升机会能促使团队认同努力和艰辛的付出。

五、营销管理者的关注重点

1. 岗位编制

制定营销岗位的编制绝非小权力，这背后是决策层认知领域的一套业绩专业算法计划公式。营销管理者不要一味地抱怨计算公式不合理，而是要能从编制中识别出这套公式的具体算法，结合真实的市场环境和竞品策略，从决策层手中争取到相对合理的营销岗位编制。

这套决定团队编制的专业算法计划公式是如何推导出来的呢？可以举例说明。

一个总价值为 10 亿元的总销售任务楼盘，销售周期的考核指标绝不会超过 12 个月，这样规模的楼盘需要安排多少个销售人员的岗位编制？

假定为 20 人。

这意味着每个人每年的销售任务是 5000 万元，按 200 万元一套房子算，是每年销售 25 套；按 150 万元一套算，是每年销售 33 套；按 100 万元一套算，是每年销售 50 套。即月均成交指标是 2～4 套。

从这组数字的计算中可以发现：一二线城市的房价高，月均销售套数的数值相对较低；三四线城市的房价略低，月均销售套数的数值相对较高。

不要忽略这组假设数字，作为管理者，要保证在自己的销售团队中，人人都能实现这个业绩指标。

销售管理者关注团队销售人员的销售能力就要注意到下面几个问题。

① 项目所在城市或区域中相似总价的产品，个人年销售业绩达到 5000 万元的销售员是什么水平？

② 在你的企业中，上一年度销售冠军的业绩是多少？达到销售冠军水平的销售员有多少？全体销售员的年平均业绩是多少？

③ 在你的销售团队招聘工作中，人力部门是否按照年销售业绩 5000 万元的水平标准招聘销售员？现有销售员是否可以按照年销售业绩 5000 万元分解到月后对不达标者进行淘汰？淘汰后缺编的责任如何界定？

2. 梯队培养

营销管理者当然希望"精兵强将"都由自己带出来。人才需求随着项目扩张变化而波动，卓越的营销管理者既要拥有前瞻眼光，搭建专业完善的培训体系，培养认可企业文化的实战才人，又要兼具包容不同营销成长背景、不同文化价值观、不同思维模式的各路营销人。这些人虽然来之能战，但需要经历和原有团队的大量磨合才能变成真正的同路人。

第四章

房地产营销销售力管理

第一节
房地产营销管控标准化管理

标准是判断一件事合理与否的依据。标准清楚能避免同一问题反复发生，也能避免解决问题的时候互相推诿。标准化是企业管理和技术沉淀的最好方式。标准化从一定程度上说，是专业化与简单化的体现。从房地产企业成功的经验来看，凡是能突破发展瓶颈的企业，都受益于企业有相当程度的标准化建设。在未来，标准化将是拉开房地产企业之间差距的重要原因。

但是，整个房地产行业内一直有一种质疑：房地产营销的标准化能不能做到？因为硬件很容易标准化，软件却很难形成标准化。其实这种担忧没有必要。房地产企业能实现产品标准化并完成快速复制，营销标准化也同样可以实现。和营销关系非常密切的因素，比如同类客户群的特征、购买偏好、销售说辞、销售接待、产品介绍，理论和实践已经证明，可以在企业内实现标准化管理，在新项目的开发模式下完成快速复制。

 营销标准化管控要点

从理论上说，一个企业的标准化体系包括五个部分：① 产品标准化；② 流程标准化；③ 合约标准化；④ 操作规范标准化；⑤ 工作成果标准化。这些标准化需要逐渐甚至经历很长时间才能建立，不能一蹴而就。

房地产开发的流程性很强。从房地产项目启动到销售完毕，从案场展示到销售动线，从示范区表现到营销活动，从推广包装到说辞口径，环环相扣，营销动作始终贯穿全程，也都是整个营销周期的关键节点。越是节点性强的领域，越容易实现标准化管理。

营销标准化为诸多标杆房地产企业实现了规模扩张。今天的中小型房地产企业借鉴标杆房地产企业的营销标准化，最大的意义是快速复制成熟企业的科学管理思维和方法，提升营销条线人员的人均效能，推进项目的开发和销售效率。中小房地产企业的营销标准化建设，可以帮助企业实现营销费用管控，提升企业用信息系统为营销做决策的能力和效率。

1. 标准化管控内容

营销标准化的意义是让营销管理人员更清晰地了解项目开发全流程的各项内容，从而做好营销目标和计划管控，提高人均效能。

营销标准化管控的内容集中在两点：

① 销售一线制定整个营销工作的"营销路线图"，包含营销专项工作的目标、事项、时间、责任人等；

② 各类营销工作执行计划，如每月传播推广投放计划、媒介计划的排期表、营销活动方案等经过审批可以执行的企业内部工作计划。

2. 标准化实施目标

站在房地产开发全程营销的视角，实施营销标准化需要规范每个营销动作的时间、标准及成果，最终要形成标准化的营销工作体系，帮助企业实现四个目标：

① 团队新人的快速适应和成长；

② 多项目间协调统筹管理；

③ 规范营销动作，降低经营风险；

④ 快速诊断及解决问题。

营销节点标准化的三个手段

很多房地产企业只重视企业整体营销能力而忽略员工个人的营销技能。研究世界优秀企业的营销管理方法，会得到一个重要的营销理念：鼓励平凡人去做不平凡的业绩。如何让平凡人做出不平凡的业绩，易行且有效的方法就是执行营销节点标准化管理。

实现营销节点标准化的手段有三个：制定营销标准化管理手册；实施营销团队成员分级管理；按轻重程度分类营销节点。

1. 制定营销标准化管理手册

企业营销标准化管理手册，是整个营销标准化成果的汇总，内容有四项：标准化阶段、标准化节点、标准化工作指引、标准化模板汇集。

图 4-1-1 营销标准化管理手册的四项内容

2. 实施营销团队成员分级管理

在房地产开发流程中,要根据开发项目的工程进度及营销关键节点,把项目营销全过程分成不同阶段。营销阶段划分除了要落实在营销计划和工作文件上,还要发动营销条线上的所有人员,逐层落实到团队每个人的具体工作中。

营销工作应从基层人员开始到管理层人员逐层分解,分解步骤如下:销售团队、策划团队、销售经理、营销总监、营销负责人。

图 4-1-2　营销团队人员分解管理的五个层级

在工作分层管理过程中,要让所有层级的人员清楚项目各阶段的重点,重视个人工作对整体成果的影响。

3. 按轻重程度分类营销节点

营销节点是指按时间顺序制定的营销动作或工作计划。营销节点的作用是让房地产营销跟着项目开发的节奏,有计划、有目标地推进工作,制定出量化指标,用考核、控制、计划等手段检查营销成果。营销模式不同,节点设置也不同。营销部通常会将营销节点按重要性分成三类:关键节点、主要节点、一般节点。

图 4-1-3　房地产项目三类重要的营销节点

三 营销节点标准化的三种方式

1. 节点排布方式标准化

房地产开发是流程性非常强的行业，房地产营销是一个系统工程而不是电子文档的堆砌。有效的房地产营销标准化管理，首先要基于清晰合理的时间节点排布。

图 4-1-4　营销节点标准化排布顺序

（1）摘牌准备期标准化管理

表 4-1-1　摘牌准备期标准化管理

节点	内容
前期负责人确认	—
准备定案	① 地块调研 ② 户型配比
货量组织	① 项目首批开工范围 ② 货量区交付标准确定
示范区设置建议	① 样板房及看楼动线设置建议 ② 工法展示区设置建议 ③ 架空层（泛会所）设置建议 ④ 销售中心设置建议
城市展厅方案报批	① 展厅选址方案 ② 展厅装修方案 ③ 展厅模型方案
媒体资源初期调研	① 广告公司资源调研报告 ② 提交媒体议价需求单
品牌导入推广方案	① 确定方案名 ② Logo 及 VI 定稿 ③ 户外广告方案定稿 ④ 围墙广告方案定稿 ⑤ 确定品牌导入推广预算 ⑥ 品牌导入期推广软文设计 ⑦ 品牌导入期新闻铺排计划

(2)品牌导入期标准化管理

表 4-1-2　品牌导入期标准化管理

节点	内容
前期人力资源管理	① 项目管理人员到职 ② 项目编制申报 ③ 招聘方案
确定地块首期及后续货量开发节奏	—
首期计划开工图确认	—
销售目标与预算申报	① 制定年度销售目标 ② 申报销售费用预算
城市展厅及外展点方案确定	① 城市展厅包装方案报批 ② 二三四级临时外展点设计
营销全策略首次提报	—
首次媒体采风	—
品牌导入推广执行	① 品牌导入期新闻执行（品牌、招聘） ② 摘牌新闻发布会执行 ③ 奠基仪式 ④ 工地围挡包装执行
前期拓客基础准备	① 前期拓客期推广预算确定 ② 投放计划预算方案报批 ③ 公用车及配车申购报批 ④ 拓客物料设计定稿及制作 ⑤ 拓客物资申请 ⑥ 办公室租赁

(3)前期渠道期标准化管理

表 4-1-3　前期渠道期标准化管理

节点	内容
搭建圈层拓展渠道	—
城市展厅包装及推广	① 城市展厅包装执行 ② 城市展厅开放前广告投放管控 ③ 城市展厅活动方案确定
年度推广预算	—
建立自媒体	① 搭建微推广平台 ② 微楼书制作
影视宣传片立项	① 影视宣传片立项拍摄方案报批 ② 影视宣传片创作方案定稿
前期拓客组织	① 拓客口径统一 ② 敏感信息输出规范 ③ 拓客口径指引规范 ④ 拓客车辆租赁 ⑤ 拓客绩效方案确定
前期拓客期人力资源管理	—
薪酬福利制定	① 本盘人员及后勤方案报批 ② 新项目员工集中式培训方案报批

（4）广泛拓客期标准化管理

表 4-1-4　广泛拓客期标准化管理

节点	内容
示范区包装方案确定	—
商业街包装方案	—
导视系统包装方案	—
板房区包装方案	① 综合楼（销售中心、会所）气氛包装及模型 ② 销售中心模型制作报批 ③ 工地遮蔽类包装方案报批 ④ 开放气氛包装方案报批
二三四级临时外展点设置确定	① 外展点租赁 ② 外展点包装执行
城市展厅开放后拓客活动组织	① 确定展厅开放活动及系列暖场活动公司 ② 展厅开放及系列暖场活动方案执行
二次媒体采风	—
跨区域客户召集方案	投资考察团线路及行程的设定方案报批
客户参观巴士租赁	—
银企确定	① 按揭银行的引入 ② 公积金的操作确定
法律文书等对客户资料的制定	① 房屋交付标准制定 ② 物业服务收费标准制定 ③ 法律文书版本的确定及物件准备 ④ 各种印章的制作 ⑤ 合同展示资料的落实及公示 ⑥ 宣传图纸制作
价格管理	① 价格备案 ② 付款方式及定金申请 ③ 车位推售方案制定
开盘前推广预算	① 开盘推广预算 ② 开盘前媒体投放执行筹备 ③ 大众媒体及其他媒体下单 ④ 确定线下媒体投放执行公司 ⑤ 开盘前新闻铺排
广告投放管控	① 户外广告投放执行（开盘前两个月） ② 广泛拓客期新闻执行
示范区开放后活动方案及系列暖场活动方案	—
针对强拓期的策略提报	—
广告设计	开盘前报广系列方向稿定稿

（5）硬广强拓期标准化管理

表 4-1-5　硬广强拓期标准化管理

节点	内容
开盘活动方案	—
硬广强拓期拓客管理	① 外展点包装验收 ② 圈层活动

续表

节点	内容
派筹组织与评估	① 派筹方案的确定 ② 派筹数据分析 ③ 派筹期推广策略分析 ④ 派筹期拓客策略分析
拓客人力管理	① 支援人员到岗 ② 拓客团队绩效排名竞争机制 ③ 支援人员后勤方案报批
示范区开放后活动组织	确定示范区开放活动及系列暖场活动公司
硬广拓客期广告投放执行管控	① 报广、电台投放执行（开盘前4周） ② 网络投放执行（开盘前3周） ③ 其他媒体投放执行（开盘前6周） ④ 短期户外投放执行（开盘前3周） ⑤ 自有渠道宣传（苑区、酒店、销售中心） ⑥ 每日数据短信汇报
价格输出口径的确定	—

（6）开盘期标准化管理

表4-1-6　开盘期标准化管理

节点	内容
价格策略及制定	① 开盘价格输出口径的确定 ② 价格制定
认购准备	① 推售范围及合同交楼时间制定 ② 按揭业务开展的准备 ③ 资金账号的设置 ④ 确定按揭业务的操作及办理流程 ⑤ 确定公积金贷款的操作及办理流程 ⑥ 售楼系统设置 ⑦ 政府网签系统设置
开盘组织管理	① 确定开盘推售时间、货量 ② 确定开盘活动执行公司 ③ 新项目开盘前培训数据上报 ④ 物料申购及管理 ⑤ 开盘方式的确定
开盘总结及后续策略	① 推广板块开盘总结及后续策略 ② 产品定价板块开盘后评估 ③ 开盘后投放预算
合同签署	① 《商品房买卖合同》及附件签署 ② 按揭办理

（7）常销期标准化管理

表 4-1-7　常销期标准化管理

节点	内容
促销调价	—
法律文书的检视	①《商品房买卖合同》的审核、备案及归档工作 ②《商品房买卖合同》移交项目部送政府部门备案 ③ 法律文书与实体情况相符的检视 ④ 按揭资料的审核、备案、归档
楼款回笼	① 提醒交款及催交欠款 ② 欠款案件移交 ③ 欠款追收
收楼管理	① 收楼方案拟定 ② 获取实测面积后进行面积补差 ③《收楼通知书》的寄发 ④ 收楼活动方案制定 ⑤ 签署《收楼通知书》和相关文件
办证管理	① 证件办理 ② 证件移交和派发
常销期营销管理	① 双月推广预算 ② 每月营销工作总结 ③ 每月专项培训考核结果反馈 ④ 每月营销推广总结 ⑤ 常销期双月策略提报
常销期拓展绩效方案及竞争机制执行	—
楼盘收尾	① 组织项目部、物业、客服培训收楼 ② 销售中心编制撤出

2. 企业营销文本标准化

房地产企业营销文本是指企业内的一套成熟且能指导项目操作的管控文件。其标准化程度的高低影响着企业营销管理效率，是房地产营销负责人提升团队作战能力的重要工具。

（1）营销工作清单

房地产营销标准化工作清单的作用是描述清楚节点工作的属性。比如时间、成果输出、审批流程、规范指引、操作模板、责任人等元素的属性要描述清楚。

（2）营销节点指引及审批流程

各营销节点上指引性文件的作用是规范审批流程，明确规范授权体系，旨在规范营销动作，有效提高工作效率。企业营销节点指引及审批流程标准化要能明确规范各环节的营销动作，包括起始时间、工作步骤、工作成果、审批流程。

（3）营销节点操作模板

营销节点操作模板标准化的目的是统一工作标准，提升团队效率。营销节点操作模板包括五类：

市场调研模板、营销说辞模板、项目定位报告模板、开盘后评估报告，认筹方案模板。

（4）常规营销课件

房地产营销的常规课件标准化一共有五类：营销标准化总体介绍课件、活动策划课件、销售管理课件、案场销售课件、人力资源课件。

3. 营销电子系统标准化

营销电子系统标准化是指将营销标准化节点上线成为一套电子系统，再通过建模方式给每一个节点设立起始时间。建模工作一旦完成，电子系统就可以监控各个节点的执行状态，通过红灯、绿灯、蓝灯等反应节点状态，起到管理监控作用。

营销电子系统标准化通过两个途径实现，一是搭建营销中心平台，二是分级管理执行。

（1）搭建营销中心平台

搭建营销中心平台，让企业的营销职能部紧密围绕着平台搭建、落实执行、反馈修正的标准化全面展开，能有效推进五个方面的工作。

① 市场管理：持续深耕、新市场选择。

② 营销管理：标准化建立、推进、执行。

③ 产品管理：利润速度之间的平衡、销售周期的数据。

④ 商业研究：社区商圈、区域商圈、投资客群。

⑤ 人才效能：专业技术、技能培养、人均效能。

（2）分级管理执行

营销标准化在房地产企业管理中，通常分为三个层级单位，自上而下推进、自下而上反馈。

① 第一层级：技术研究顾问、执行董事、营销负责人等。这个层级负责以宏观视角洞察行业变化，以经营视角明确企业需求。在此基础上，确立营销标准化的总体技术方向和内容。

② 第二层级：监督指导团队、总部职能中心核心成员等。这个层级负责快速、深度地理解企业标准化的核心意图，落实、监督、考核标准化在企业的执行工作，确保标准化动作覆盖项目的营销全生命周期。

③ 第三层级：区域支持组、各区域营销精英等。这个层级是营销标准化动作的具体执行层。通过案场表现、工作汇报、数据分析、业绩结果等及时与第二层级反馈执行中的效果及客户感受，以供管理层对标准化内容进行有效调整。

四 营销节点标准化的六个阶段

未来，房地产企业的核心竞争力就是通过对客户感知系统的研究和市场环境的分析预测，提供超越客户预期且价格上有惊喜的商品。越是市场反响好的项目，产品个性化部分占比就会越大。因为只有拥有个性化和创新，才能真正掌握产品的定价权。产品的个性化，在项目立项之初，就要开始打造。房地产营销要充分介入项目开发的六个阶段中，分阶段建立标准化管理，建立营销优势。

1. 项目筹备期

这个阶段是做项目定位的重要阶段。营销管理的重点是客户经营，需要把握客户感知，所有营销工作的目的都是为了引发客户关注。

（1）营销工作内容

表 4-1-8　项目筹备期标准化管理

阶段	一级节点	详细内容
项目筹备期	重点工作是项目定位	① 确定案名 ② Logo 及 VI 定稿 ③ 影视制作 ④ 接待点设置 ⑤ 工地包装 ⑥ 品牌盒子 ⑦ 广告设计 ⑧ 媒体投放准备 ⑨ 商业街方案设置 ⑩ 产品规划配置
	工作目的	① 为拿地决策提供营销专业意见 ② 组建营销团队 ③ 项目整体形象定位
	工作成果	① 形成"项目前期定位报告" ② 形成"营销全案总纲" ③ 保障新项目团队各板块人员到位，确保人效合理化 ④ 确保摘牌后品牌落地执行

（2）营销主要工作

项目筹备期是营销团队的市场调研判断与决策层过往经验过招的阶段。考验营销团队三个方面的能力。

① 客观市场的认知专业度。项目推广启动前是否充分了解本地市场的宏观走势，是否把握住客户需求、竞品卖点等重要数据。

② 调研和数据分析的精准度。是否有完善的 SWOT 分析，是否有清晰的项目定位及市场占位。

③ 市场分析的销售主张及评审，是否有科学合理的工作铺排支撑。

在项目筹备期，如果以上工作都做到了，营销部就完成了企业的全年营销总纲领。

2. 品牌立势期

在这个阶段，营销的主要工作是明确客户感知方向，所有营销工作都为引发客户关注和了解本项目。

(1)营销工作内容

表 4-1-9　品牌立势期的标准化管理

阶段	一级节点	二级节点	详细内容
品牌立势期	重点工作	确定编制，人员到位	① 营销责任人任命，团队组建 ② 开盘前 90 天，满编率达 70%
		确定户配，产品设置	① 根据市场情况配置产品利润，平衡收益和风险 ② 确定装修标准、景观呈现，参观动线设置
		预算编制，供需铺排	① 根据年度销售任务编制全年预算 ② 制定全年供需计划及销售计划
		品牌包装，拓客启动	① Logo 及 VI 确定 ② 品牌落地，树立形象，塑造认知 ③ 接待点设置 ④ 拓客策略（目标、口径、地图、车辆、对比方案、拓客物料）
	工作目的		① 建立品牌形象，提高品牌知名度和美誉度 ② 人员到位，加强团队建设
	工作成果		① 集团品牌强势导入，全城皆知，家喻户晓 ② 完成团队建设，项目成员全面了解项目情况及营销策略
	项目产品呈现		① 城市展厅：租城市中心商铺 ② 二级展点：常设置于商业广场 ③ 品牌宣传外展点：常设置于室外人流量大的地段 ④ 样板间：有风格，有主题
	项目价值呈现		① 明确场景价值：做什么户型？做在哪里？什么风格？谁来定 ② 突出主题：软装公司谁来定 ③ 呈现客户真实生活场景 ④ 提升客户体验价值感

大量成功的操盘案例证明，在项目品牌立势期，房地产营销要不断挖掘城市文脉，使之与项目品牌文化嫁接与传承，塑造市场及目标客群对项目的认知、认同。在此基础上，再进行全城皆知的营销活动炒作。文化先行是推广品牌、树立企业文化形象的重要手段。

(2)营销主要工作

在品牌立势期，尤其是对于首次面市的房地产项目，营销推广必须在效果上下功夫。只有营销推广做出创新，线下拓客才有保障。工作要点有五条。

① 第一时间圈定企业的品牌粉丝客群。制造足够有吸引力的营销主题，对竞争对手的推售形成冲击。

② 完美呈现项目价值。让项目环境体验能对标竞争楼盘，超出客户心理预期，达成两个结果：展示项目形象，提前储备客户。

③ 打通各层面市场关系，联动媒体资源，做好展厅和临时展点的筹备工作。

④ 实现企业品牌和项目品牌的嫁接，吸引实力客户，拔高项目形象。

⑤ 线下拓客充分发挥圈层、渠道、推介、全民营销的作用。利用大型活动积累散客，集中收获客户，在全城积累项目客户，扩大项目口碑和产品信息传递。

3. 造势蓄客期

在这个阶段，营销的主要工作是把握客户的需求方向，持续引发客户订购的欲望。所有营销工作都为产生客户到访。

（1）营销工作内容

表 4-1-10　造势蓄客期标准化管理

阶段	一级节点	二级节点	详细内容
造势蓄客	重点工作是持续蓄客	强势拓客，多展点收客	① 展厅开放，验资锁客 ② 展厅收客＋系列暖场活动
		交付确定，风险规避	① 示范区开放前确定合同交付标准 ② 完成相关部门审批 ③ 规避客户风险
		绩效考核，支援访求	① 团队、个人业绩考核，实现优化 ② 根据节点制定支援需求及到岗计划
		文书准备，按揭筹备	① 明确购房关系法律文书及补充协议 ② 确定预售款监控银行账号 ③ 确定按揭业务流程及资料
	工作目的		① 项目核心价值推广炒作，展厅暖场活动有创新主题 ② 阶段拓客成果分析
	工作成果		① 广泛拓客，多渠道推广同时进行 ② 储备数量充足的意向客源，意向客户数要达到推售套数的27倍以上

（2）营销主要工作

这个阶段的主要任务是造势蓄客。营销工作的目标要围绕客户到访展开。项目前期已经通过线上确立了高调性的品牌形象，接下来是线下造势广蓄客。营销部通过大规模多兵团作、多级展点联动、渠道资源整合、导客软件推介、内部资源挖掘等方式，利用现场售楼处盛大开放，实现渠道客户的顺利收客。在渠道为王的营销时代，这个阶段的造势蓄客有四种方式：

① 营销活动造势，追求如何将活动做成可持续参与；

② 媒体炒作造势，追求如何建立市场标杆的强势形象；

③ 营销事件造势，追求如何做到闻所未闻、震撼人心；

④ 公关造势，追求如何做到"上头条"的效果。

图 4-1-5　营销造势蓄客的四种方式

4. 价值炒作期

在这个阶段，所有营销工作都为促使客户产生购买行为。

（1）营销工作内容

表 4-1-11　价值炒作期标准化管理

阶段	一级节点	二级节点	详细内容
价值炒作期	重点工作	开放筹备	① 示范区开放前全方位广告炒作 ② 释放报价折扣 ③ 进行客户初步筛选
		阵地包装	① 参观动线合理紧凑、有亮点 ② 示范区硬软件装饰等符合阶层（目标客群）定位 ③ 提升导视系统、销售中心、苑区、样板间等阵地的价值感
		系统培训	① 强化竞品对比说辞演练 ② 强化转筹、落位、价格谈判与输出等相关内容培训
		价格策略	① 根据市场变化及客户储量变化等情况，进行差异化价值输出 ② 必须拔高客户的心理价位
		联合巡检	① 区域及项目组建巡检专队，查检营销标准化执行环节 ② 查检结果有排名、有奖罚，及时提升一线销售实力
		启动收筹	① 对收筹结果进行分析 ② 评估客户的真实有效性 ③ 掌握预售证获取进度，针对派筹前的准备工作进行测评
		工作目的	① 高密度推广组合，带动营销节奏 ② 高强度拓客铺排，示范区火爆开放 ③ 通过示范区开放引爆人气，并持续进行落位洗客，以筹定推，制定合理价格，提高产品去化
		工作成果	① 项目核心价值炒作持续升温 ② 价值传递有新颖、有效的载体，能真正引发客户的购买冲动

（2）营销工作推进

在营销的价值炒作期，要做到让所有到访客户，目之所及，皆是美好。在营销中，最大化植入传播项目价值信息，以城市展厅为吸纳客户的地点，利用营销活动、圈层活动、推介活动等形成口碑传播，强化客户认知，最后对前期积累的意向客户进行筛选判定。

5. 品质体验期

在这个阶段，营销部门的工作方向是把握购买行为，增加意向客户进一步购买的冲动。

（1）营销工作内容

表 4-1-12　品质体验期标准化管理

阶段	一级节点	二级节点	详细内容
品质体验期	重点工作	营销环境体验	① 对标竞品，营造完美的示范区和看楼动线，优势必须明显 ② 智慧五星体验馆，情景主题包装，提升客户预期及产品溢价
		示范区到访客户组织	① 现场活动，现场体验 ② 圈层活动，派筹蓄客
		洗客落位	① 梳理各产品线筹货比 ② 对不均衡情况进行对标说辞、抗性说辞调整
		开盘培训	① 开盘前行政准备情况 ② 政府备案、网签系统准备 ③ 贷款事项培训执行
		支援到岗	① 确定开盘当天支援人员名单 ② 根据支援人员的专业版块进行开盘分工
		价格策略	① 梳理派卡 / 派筹落位情况 ② 制定合理的价格策略 ③ 管理决策层的心理预期
		下定认购	① 完善下定认购流程 ② 规范认购书签署流程 ③ 管理客户签署的相关文件

（2）营销工作推进

品质体验期的工作铺排需要与项目工程节点相配合：

① 售楼处公开、示范区开放、样板房开放等重大节点需要配合大型造势活动和主题活动；

② 集中造势释放信息、扩大项目传播；

③ 制造与竞争楼盘全面对标的营销氛围，做到赢在细节、胜在体验；

④ 开盘前须严密布局报价策略，利用价格挤压实现均匀落位，使认筹策略与解筹策略完美配合，实现项目完美开盘。

6. 持续销售期

在这个阶段，营销的主要工作是筛选出冲动购买的客户，把握住核心客户的购买行为。

（1）营销工作内容

表 4-1-13　持续销售期标准化管理

阶段	一级节点	二级节点	详细内容
持续销售期	重点工作	开盘后评估	① 总结营销全流程中执行工作的经验和得失 ② 进行专项工作汇报 ③ 费效比、团队、市场
		价格策略调整	① 根据首次开盘成交、市场、客户情况及后续货量供需关系，对价格进行调整 ② 了解项目价格调整的方式、要求及涨幅情况，同时关注市场客户接受度
		推广策略调整	① 结合推广效果及费用使用进行推广策略调整 ② 需对各投放渠道效果评估合理配置 ③ 总结活动到访占比，保证开盘后人气 ④ 提高项目来电来访量，促进后续成交
		持续蓄客	① 针对开盘未认购客户及时梳理 ② 释放营销团队兵力，保障快速接访外拓
		加推准备	① 控制节奏，压缩蓄客周期，集中引爆解筹 ② 保持市场热度，持续小批量、多批次地放出房源

（2）营销工作推进

在持续销售期，营销部的核心工作是围绕首期推售计划推进销售。推进的工作内容包括五点：

① 做客户销售分析；

② 把销售案场的客户信息及时反馈给营销部；

③ 分析客户需求声音；

④ 契合客户痛点，修正评估产品价值；

⑤ 紧密组织后续货量，调整升级产品，提升附加值，保证价格与销售速度的平衡稳定。

第二节 房地产营销客户获取管理

客户获取，是指通过系统线上、线下拓客动作铺排，在市场上快速、精准地找到与产品价值匹配且有置业需求的特定群体的过程。客户获取的过程就是针对客户到访后的接待、抓取等积累有效客户的活动。

当前市场环境瞬息万变，竞争日趋加剧，仅靠一个营销策划方案，已无法实现销售目标。传统的等客上门模式几乎被淘汰。营销负责人要明白，客户获取的终极目标是增加获客渠道，推行拓销一体化，实现全城导客、地缘深拓，开发新媒体及自媒体拓客。营销部门如果能通过收获的项目客群，建立起来一个良好的圈层关系，再继续深入挖掘圈内客户的人脉资源，扩大圈层更大面积的辐射和覆盖，形成高效口碑传播，购买行为或资源交换的机会就会大幅度提升。

一 获取客户的战略目的

营销推广的核心是与客户沟通，只有足够精准地找到目标客户，并了解客户，推广才有意义。

1. 稳定、引导、开拓

① 建立稳固的、有效的客户获取渠道。
② 引导社会舆论方向：通过与社会圈层建立良性关系，借助其影响力在圈层中引发口碑传播。
③ 通过圈层关系，开拓渠道资源：引发整个圈层的关注与认同，从而带动销售。

2. 编制客户地图

获取客户需要营销负责人制定出有效的推广及拓客策略，编制详细的客户分布地图，有效设定拓客环节的各项关键指标，推行充分竞争的激励制度。在今天的市场竞争态势下，营销负责人要改变过往由媒体推广承担获取项目客户的传统思维，积极创新工作方式，把客户来源紧紧掌控在营销团队自己手中。

二、获取客户的三个要求

在获取客户的工作中，客户从哪里来？如何拓展？营销负责人必须就这类问题给到营销团队清晰的答案，营销部门团队所有的拓客动作，都是以销售为目的的系统工程。营销部门在工作推进中，要达到"快、强、奖"这三个要求。

1. 速度快

房地产项目的客源市场，一直充满着激烈的竞争，每家都处于"吃不饱"的状态。在这样的客源竞争中，营销负责人要注重四点：营销部销售团队缺口；营销部新人培训；拓客地图范围扩展；客户购买意向测试。

图 4-2-1　获取客户要注重四点

（1）招聘及入职速度快

营销负责人要清楚企业招聘员工入职的流程和时间周期，尽可能缩短新员工的入职时间，保证销售团队人员储备的快速和充足。

（2）新人入职培训速度快

房地产企业和人力资源部在新员工入职培训中都会输出企业文化，加强拓展训练。营销管理者要重视营销专业技能和执行力培训，用两周时间完成首轮上岗培训，让营销新人快速投入市场竞争的战斗。

（3）确定拓客地图分工速度快

拓客地图是营销工作的重要工具。营销部做拓客分工，要根据项目情况做好三点：

① 明确地缘客户范围、城市近远郊辐射客户范围；

② 锁定拓客地图，快速分工，明确各拓客小队的拓客范围；
③ 总结已拓和未拓区域的客储情况，及时调整拓客分工。

（4）客户购买意向度测试快

获取客户信息后，销售人员除了根据客户数据评估推广方案效果和营销中心开放后的客户到访数据之外，还要进行充分的购买意向度测试。方法是就单价范围、总价范围、优惠折扣体系、物业价格、车位价格、学区归属、交付标准等置业决策敏感信息给出区间数据。营销负责人必须明白，没经过敏感信息交流及购买意向测试的客户，是无效的客户。

2. 力度强

竞争激烈的市场环境，意味着地表浅层客户稍一冒头就会被海量拓客军团收入囊中。想要向市场要客户，必须精拓强拓，深入挖掘才能有所收获。营销负责人要把精力放在销售和拓客团队人员组建上，唯有精兵强将才能承受高强度的拓客工作。

（1）工作压力强

只有达标的销售业绩才是营销团队的生存筹码。在竞争激烈的市场环境下，没有轻松推广一下就能达成的销售业绩。营销负责人要持续营造高强度的工作压力，从设置业务完成量的软考核到设计业绩完成量的硬考核，让销售团队充分感受到来自业绩指标的压力，齐心协力冲刺目标。

（2）追踪能力强

营销团队要有追踪目标客户的技术和能力，从目标客户的行动轨迹入手，找准客户，逐步缩小包围圈，精准传递项目信息，通过地毯式筛查，锁定意向客户。

（3）促定能力强

最有效的促定是通过分析大量成交数据，实现客户首次到访便能成交。一般情况下，客户二访比首次访问的成交概率要高，多次到访后容易产生比较和犹豫情绪，成交概率反而有所下降。因此，营销负责人考核销售团队对首访客户的邀约再访率，提升销售案场针对二访客户的促定配合。

3. 奖励方式实际、合理

追求销售客户获取速度快、力度强，就要保证团队奖励速度快。营销负责人要保证，但凡和钱相关的激励措施，都能及时到位。和钱有关的奖励方式有四类：报销款、销售员佣金、老客户佣金、分销佣金。

（1）快速报销员工预、借款

营销团队强大的战斗力来自于拓客时花费的每一笔钱都由公司支付，而不是个人垫付再走漫长的报销流程。这也是对员工物质奖励的一种。营销负责人要和公司管理部门及财务部门协调提速团队的日常报销流程，或主动为团队申请预支借款；特殊紧急情况的费用，也可以由营销负责人自己垫付。

（2）佣金发放原则合理

在销售案场的佣金发放原则，一般情况是坐等客户上门成交的佣金要低于出去外拓导客成交的佣金。这个奖励原则会直接影响销售团队自行拓客的积极性。营销管理者要针对不同市场环境制定出有竞争关系的佣金制度，极力保证把最高佣金提成给到拓销一体中最积极、成就最高的销售员。

（3）积极激励推荐成交者

老业主带新客户推荐成交者的奖励，要确保能奖励到老业主，也能激励到新客户。这样才能形成快速有效的客户裂变。在营销部所有的激励措施中，以直接给现金为优选，尽量摒弃减免物业费、车位费或商铺购买抵用券等不够直接的老旧奖励手段。

（4）严格控制分销团队佣金

一个房地产项目组一旦启动分销，就意味着项目销售出现了两个困难：常规营销手段短期难以出现实质性突破；决策层需要看到立竿见影的业绩增长。营销负责人必须在分销团队进场时，控制好两件事：销售预算和房源。

营销负责人要明白，房地产企业要给经常做分销的公司一定的销售佣金，这部分销售佣金不会从营销既定预算中额外追加，只会在整盘营销费用预算内做二次分发。营销负责人要控制好这笔营销预算的使用和分配比例，不要在销售业绩未完成前就无费用可用。

营销负责人与入场分销团队签署分销合同时，必须明确三件事：明确销售时间起止点、明确销售总量和房源、管理好团队心态。

图 4-2-2　签署分销合同必须明确三件事

① 明确销售时间起止点。企业决定启动分销机制时，一般都是为了快速提升案场成交业绩，属于实现销售短期冲刺的决议，分销不可能成为营销部的常规营销手段。所以，分销团队进场销售的起止时间要制定得非常科学。在客户量充沛或房子销售顺利之时，要立刻安排分销团队退场。

② 明确销售总量和房源。不是所有房源都要给到分销团队。合理的房源搭配才能保证分销占比符合决策层心理预期。如果对销售总量和销售房源不做出严格的约定，就会导致分销公司在最短时间内卖光项目上最好卖的房源，留下滞销房源和所剩无几的营销费，让后续的营销工作陷入无房无钱的僵局。

③ 管理好团队心态。房地产企业既然选择启动分销机制，营销负责人就要端正心态，不要吝啬被分掉的佣金点数。能做到短期内给出竞争区域最高的佣金点数，激活各路分销力量，使其优先把项目推荐给自己的客户，增大销售数量，这也是启动分销最想达到的效果。

获取客户的四个核心战术

房地产企业在销售楼盘的时候，策划思路和推广方式各有不同，唯一不变的是把握客户的手段。每个房地产企业都要面对客户，面对庞大的人口市场，如何甄别有购买力的目标市场是营销工作者必须做好的一项重要工作。

1. 确认客户是谁

房地产企业建好的房子，不只是卖给一个客户，而是要卖给一群客户。这群客户由于认可企业的产品和服务品牌才实施了购买行动，最终变成业主。特定产品不是仅满足某单一客户，而是要满足某一范围的客户群。解决 "我们的客户是谁"这个问题，必须理解产品的定位，再经过细致的市场调研和客户分析，才能让销售变得有的放矢。销售团队只有做到从视觉、感觉等角度熟悉地缘市场环境，才能准确客观地认识市场，最终挖掘出市场中的目标客户群体。

（1）熟悉市场

① 要在项目所在区域内，多去现场考察各企业新推出的楼盘及其销售中心。
② 掌握城市经济环境、支柱产业、人口发展及核心商圈的现状。

（2）认识市场

营销人员的一个基本专业素养就是能够通过真实数据积累掌握市场动态。方法可以是访问同行、派发问卷、汇总数据后，再对城市置业群体的产品需求和置业动机等进行全面分析。

（3）多线找客户

多线找客户可以分为两类：线上推广和线下拓客。这就尤其要注意产品价值与市场上客户需求的匹配度，不低估客户的判断力和选择眼光。如今的市场，客户的买房经验和眼光都非常成熟，即便是首次置业的客户，也会有二次、三次甚至多次置业经历的亲朋好友出面帮助筛选、决策。

2. 明确客户在哪

市场上的客户是动态的，也是多层次的，不是静态不变的，也不是唯一不变的。当一个房地产企业能够不担忧实力和资源，将战略目光转移到客户身上时，客户分析就成为销售的必经之路。客户在哪决定了项目营销推广的主题、媒体手段、范围选择等诸多细节。客户锁定越准确，越能提高销售效率，节约营销成本。

（1）圈定客户分布

目标客户的地理分布主要分为两类：以项目位置为圆心的地缘客户和以项目单价、总价、品质、学区等置业需求为吸引力的地缘外辐射客户。

圈定客户分布的工作筹备要做到以下三点。

① 看竞品楼盘怎么做。摸清竞品楼盘的到访及成交客户分布数据的方法有三个：

a. 重点及热点区域可跟进设立展厅、展点；

b. 用合理的方式截流对方客源；

c. 非热点区域要辅以相应的拓客动作，尝试挖掘潜在客户。

② 评估渠道内最活跃客户。一个企业如果一直秉承以寻找客户为生存根本，就会逐渐建立起自己的专属客户渠道。营销部要积极联合有影响力和优势资源的企业客户渠道，尽可能缩小摸查客户分布的范围圈。

③ 看目标客群关注什么。所谓擒贼擒王。对目标客群中的高端意见领袖类客户，营销部门要重点拜访。从产品匹配度上与其展开广泛交流，深度挖掘各类有效活跃资源，使拜访活动积极转化为丰富的营销圈层活动。

（2）精耕拓客技术

表4-2-1 房地产项目拓客技术要点及要求

拓客技术要点	工作要求
永远思考优化	搭建"地图、形式、说辞、物料、组织、计划、管控、维系"体系
地图	已拓、未拓（拓客区域价值优化）
形式	贴合实际，落地有效
说辞	客户思维（为什么买，价值与诉求匹配）
物料	场景思维（有内容、有记忆、易展示、易保存）
组织	人力计划、明确分工
计划	计划清晰、狠抓落实
管控	过程监控、及时指导
维系	深入有效持续

（3）挖掘企业内部客户

很多房地产企业对挖掘企业内部购房者的数量，有严格的考核指标要求。目的是确保全员营销落到真实有效的客户名单上。从企业内部找购房客户，营销负责人要充分发动区域项目资源的一切力量，打通企业内部决策层、高管层、执行层，以及各管理线如运营总经理、项目总经理、工程总经理、财务总经理等所有企业核心团队的人脉渠道，深挖企业人力资源网背后的潜藏客源。

3. 积极做线下拓客

线下拓客是企业获取目标客户最具实质性的动作。执行方式分为三步：

① 初期，开展全面撒网式客户拓展；
② 中期，在客户资料库中挖掘意向客户，促使成交；
③ 后期，努力做资源拓展，从精准客户里再次开拓更多社会资源为项目所用。

拓客团队集结完毕后，营销工作完成的关键是做对工作的分配要合理、清晰。同时，作为营销负责人，在线下全兵团作战阶段，要带头冲在前面。

（1）分小组分任务

拓客团队是一个作战整体，立体化作战需要根据客户分布拆分不同的小组逐一攻克。此时的营销团队拆分，意味着一瞬间出现多个工作群组，营销负责人必须有抓大放小的能力，抓住关键团队负责人，建立及时有效的反馈机制，保证对拆分后的团队拥有高效而严格的管控。

（2）攻坚突破口

被分拆成小组的销售团队，由各级小组领导带队，要先找到和挖掘具体有效的客户，再谈任务考核指标。

（3）集中火力

营销中的重点区域拓客动作要及时反馈，及时分析，及时调整。兵贵有效，攻克有术，而非一味蛮干。

（4）限时完成

任何一个房地产项目的拓客市场，销售竞争都异常激烈，所有指令和动作铺排必须限时完成，问责结果。

（5）外拓人员和客户面对面沟通

项目销售的线下拓客，要推进到外拓人员与客户面对面的沟通环节。在非销售场所对话，工作难点聚焦在两个主题上：如何用较短时间简明表达项目利好，抛出极具诱惑性的话题；用什么吸引客户到访售楼处实地了解项目。

① 外拓目标要精确。外拓人员制造和客户面对面沟通的机会，就要做到目标精确，客群分类清晰，营销手段具有针对性。

表4-2-2 外拓客群分类及营销手段

序号	目标客群	营销手段
1	吸引各类组织，比如单位、企业人士的到访	资源嫁接、活动赞助、特别折扣
2	吸引意见领袖人物和普通个人到访	利益诱惑、情感打动、特别折扣、推介奖励

② 团队要听从指挥。线下拓客层面的客户获取，难度不在于方案制定，而在于执行团队的经验和意志力。市场销售类从业人员，一般都不会把外拓类工作作为自己的职场规划。也就是说，企业内优秀的外拓销售人员，只能由企业营销负责人亲自打造。客户拓展要做到精拓强拓，一要深耕渠道，二要渠道有效。

4. 精准预估销售量

无论客户获取工作完成的情况如何，营销负责人始终要面对决策层的提问：这次开盘能卖多少房子？对营销负责人来说，必须用精准的结果预估体现自身丰富的操盘实力。营销一定要设置客户获取节点，目的是实现两个核心价值：实现精准销售、预估开盘结果。

（1）"客户落位"原则

房地产项目销售的客源储备原则是：每一套房源在开盘前至少有2～3个筹客落位。管理房源需要一定的统筹技巧：

① 禁止同一套房源储备五个以上的看房客户，过多热点房源的筹客量倾斜，不利于预估开盘结果；

② 每位看房客户在落位前要经历单价、总价和优惠折扣三次算价测试；

③ 开盘前，每位看房客户至少要有三套不同栋号、不同楼层、不同朝向的意向房源，避免单一意向房源使客户在选房区犹豫难定，最终无法成交。

（2）"质量优先"原则

销售案场在开盘前要制定严格的收筹客量考核，拒绝以无效客户充当看房客户。原则有两个：

① 不盲目追求虚假数字；

② 必须准确落实真实客户的数量，只有这样才能准确预估预售结果，最终形成真实的销售。

5. 集中火力搞定四类摇摆客户

表4-2-3 摇摆客户的四种类型和特征

客户类型	客户特征
价格表型客户	只要价格不离谱，一定会买，项目的死忠、铁粉
意向清晰型客户	有几处对比的楼盘，但比较之后依然偏爱我们的产品
摇摆型客户	有购买实力，无清晰意向，各种犹豫
跟随型客户	听父母的、听同事的、听他人的，就是自己没主见，需要丰富的营销技巧才能搞定

第三节
房地产销售案场标准化管理

单纯的营销标准化很难落地，必须有产品标准化和服务战略作支撑。

随着房地产市场的不断成熟，在客户眼中，各个企业的产品差异性越来越小，销售环境硬件水准趋于同质化，缺乏独特性。价值包装就成了各个房地产项目亟须突破的环节。一个房地产项目，除了强调地段价值，营销部门还要用营销赋予项目三类独特价值：产品的差异化、完美的环境体验、优质的销售服务。特别是优质案场的销售服务，它已经与优质产品设计、施工、物业管理一样，成为客户决策购房的重要因素之一。

 案场标准化管理功能

一个销售人员面对目标客户，提高成交能力需要三类核心知识：

① 宏观市场类知识，比如区域市场、竞争楼盘状况、国家政策、企业文化与品牌；

② 微观产品类知识，比如，对竞争楼盘调研的专业性分析，项目产品信息及价值、自媒体管理及应用、客户管理系统使用操作等细节诸多的工作能力；这两类知识都是有效提升销售能力的重要条件；

③ 现场沟通成交技能，比如，产品讲解说辞、有效标准的口径说辞来介绍产品和打动客户。

这些都由企业和营销部案场标准化管理程度的高低来决定。

1. 保证工作规范和业绩效率

标准化的案场管理制度会对销售行为提出各种专业规范和具体细致的要求，这种所谓约束性要求的背后，凝结了无数房地产营销人的成败经验教训。

（1）克服团队的"讲人情"

中国文化讲究中庸，熟人社会喜欢"讲人情"。这样的文化对管理一个销售团队并不合适。销售团队要树立的是销售冠军文化。作为房地产营销负责人，既要通人性，又不能感情用事，克服团队中的讲人情之风，建立案场"法律"，团队"天条"，并将这种纪律作为团队管理手段，要求所有人都必须遵守。

（2）让标准化成为团队信条

每个员工都要按照公司销售制度做好本职工作。标杆房地产企业有自己的标准化部门，执行落实企业的各项指令效率较高。中小型房地产企业推行案场的标准化管理，要经历一个漫长、曲折的过程。要求营销管理者从细节动作的专业规范中树立典型，着重培养团队中的技术骨干，分担标准化推进的各类工作。从标准化指令的解读宣讲入手，逐步让团队理解、适应标准化动作；展开对标准化动作执行的巡检考核，通过奖罚机制让团队明白，无论你来自哪里（开发商、代理公司、广告公司），擅长什么样的销售技术，只能按标准化制度里的要求去规范执行。

（3）用标准化管理客户到访和成交

客户到访后的成交率，是评价案场标准化管理制度执行效果的首要标准。提升成交率的关键指标是提升到访客户的"复访率"，即到访两次及以上的客户数量占比。从大量操盘案例中的来访及成交数据分析可知，"三访"客户成交概率最高。这就要求营销管理者及时提升销售团队的接访能力，把握营造客户多次复访的时间节点。

2. 企业规模化的重要前提

房地产企业发展必然走向规模化和产业多元化经营。作为资本，其敏锐的洞察力体现在发现可以节约成本的潜在"规律"。

① 营销标准化是房地产行业中的规律，从无数次的成功与失败中总结出来，经得起检验。营销标准化是企业快速实现规模发展的必经之路。营销标准化是开源系统，不断沉淀行业优秀经验和总结失败教训。

② 现象级标杆房地产企业除了执行营销标准化以外，还坚持推进各个部门的标准化，才会成为行业领跑的"大象"。

③ 要自下而上地讨论决策，最有效的管理办法就是制定标准。坚持推行营销标准化就是最有效的管理办法。

④ 营销标准化的内容是一份操盘指引。在完成公司要求，规范执行节点动作的基础上，项目营销管理者应结合项目特性，发挥营销人应有的创造性，赋予营销管理工作生命力，丰富、完善营销标准化知识体系。

案场标准化管理对象

房地产项目的销售案场，分工非常细化，岗位职责愈加明确，案场标准动作要求越来越细致，规范文本也精益求精。

1. 案场标准化管理的三个板块

营销部在销售案场实施标准化管理，主要聚焦三个工作板块：高端案场服务，营销环境体验，全面提升案场品质。

图 4-3-1　案场标准化管理的三个板块

2. 案场标准化管理的三个细节

房地产案场管理需要在基本知识、项目认知、行为规范方面提高标准化程度。案场执行标准化体系管理，有如下三项管理细节。

① 销售动线规划标准化。以营销体验铺排销售动线，分步骤提供每个重点体验环节的工作指引。

② 案场动作规范标准化。从提升服务意识、增强客户体验感的完美销售动线，销售力打造与提升，管理工具运用等方面规范案场标准化动作，并建立管理人员标准化管理规范。

③ 客户服务标准化。根据项目及客群的不同类型，制定案场不同级别的服务水准，通过对服务内容和环境的不断升级，对标竞品案场，打造具有优质营销体验感的高端案场。

 案场标准化管理文本工具

营销标准化管理要依赖各类工作文件和流程制度来实施，主要分两类：项目内部管理文件、案场氛围及展示管理文件。

1. 项目内部管理文件

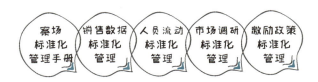

图 4-3-2　五个案场标准化管理工具

（1）案场标准化管理手册

"案场标准化管理手册"是案场标准化管理的核心工具。其作用在于完善案场管控指引，升级项目的服务标准。对内功能是明确营销动作分工，使责任具体；对外功能是对接有序，协同横向部门高效推进营销工作。

（2）销售数据标准化管理

房地产项目销售案场的重要环节在于客户信息管理，各类客户来电、来访、收筹、成交等数据非常重要，需要将其进行准确周密且标准化的统计和登记，具体包括统计口径、统计标准、统计责任人、数据反馈时间、数据反馈表格等。只要统计好以上信息数据，就能实施标准化管理，最后制成电子化文件存档。

（3）人员流动标准化管理

人员管理永远是营销管理的核心。对营销人员的管理有两个要点：

① 围绕项目营销节点，对组建初期、开盘加推阶段、持销阶段、尾盘阶段等制定不同的营销团队人数编制、底薪、佣金等标准；

② 明确淘汰优化的制度，对营销人员的调职、调盘、离职、辞退等有完整的工作交接表存档。

（4）市场调研标准化管理

调研工作是营销人员最基本的日常工作，是所有销售的前提和基础：

① 对项目所属市场和区域的宏观及微观环境进行定期调研，规范调研内容及信息收集标准；

② 确定竞品标准、范围分布，定期形成竞品分析报告；

③ 全体营销人员要做到每月对市场及竞品分析报告进行统一的培训学习。

（5）激励政策标准化管理

对销售人员的规范激励要做到政策清晰。凡有激励必有排名，对排名落后的处罚也要规范严谨，有标准、有尺度、不随意的处罚措施才能对营销行为起到约束作用。激励政策的标准化管理有四项具体内容：

① 对现金奖、物质奖、荣誉奖的评比标准进行专业规范化；

② 尽可能多地增加奖项种类，如以总销售金额、总销售面积、总销售套数等命名的奖励；

③ 尽可能多地增加评选时间，如每年、每季度、每月、每周、甚至每天；

④ 尽可能多地增加荣誉称号，如优秀部门、优秀团队、优秀个人等。

2. 案场氛围及展示管理文件

（1）资讯展示

销售中心内的集团文件及营销中心文件展示公示，项目内部管理文件展示公示，沙盘、户模、示范区、样板间等按集团标准组既定的标准执行；制作文件统一管理、统一验收，由集团标准组定期巡查及时更新。

（2）案场氛围

案场标准化管理的前场管理，即销售案场，有两类工作要做到标准规范，及时更新：销售前场的营销物料摆放；针对节假日的销售中心氛围营造。

案场标准化管理的后场管理，主要是激励政策和销售数据管理，有三类主要工作：①激励奖项龙虎榜及时更新数据；②公示排名；③达成共识的奖罚内容要统一会签确认。

3. 销售案场全场管理

销售案场的管理工作都是琐事、小事，但借助管理工具的合理运用，优秀的案场标准化管理可以把细节做到极致。营销负责人要关注五项重点工作：

① 项目内部管理文件、项目人员工作安排情况、集团文件及营销中心文件展示公示并及时更新；
② 按照标准流程公示最新的房地产政策及市场利好信息；
③ 按时对项目周边竞品及辐射区域进行调研，形成调研报告；
④ 及时对排行榜前三名的个人及团队给予奖励兑现，以提升销售激情和投入度；
⑤ 及时对排行榜落后的个人及团队给予处罚，以保障制度严肃性和销售竞争力。

协同培训管理

1. 一线责任人培训

提升全员销售技能，离不开标准化的营销技巧培训及考核。营销负责人是管理项目培训工作的第一责任人，在提升销售技能方面有四个管理手段：

① 组建营销内部一线人员培训小组，搭建"传帮带、教练式"的一线案场管理培训体系；
② 组织开展营销体系的培训需求，分析并按要求报批培训计划与培训方案，让一线基层员工受到良好、专业的培训与辅导；
③ 保证培养一线管理人员良好的案场管控意识，培训授课技巧，达到以销售现场为中心的"教练式"辅导，提升员工的工作能力；
④ 会算营销费用账，营销推广费率恒定的情况下，成交率每提升一个百分点，即可节省一个百分点的推广费用，这个数字相当可观，节省营销费用做得好，就能更好地提高一线现场销售额。

2. 优秀讲师团队培训

房地产营销部因为业绩压力，思维及方法需要不断更新迭代。优秀的培训师是部门战斗力的第一保证。只有选拔快速、考核合理，才能打造出优秀的讲师团队。

（1）选拔

优秀讲师的筛选，可以通过内部选拔、外部招聘两种方式同时进行。打造营销团队的优秀讲师人才，需要让内部讲师和外聘讲师联合起来，系统全面地开发理念与方法都与时俱进的营销课件。

（2）考核

讲师培训要有明确的考核认证方法。由管理层团队共同组建内部讲师考核认证评审组，将认证作为晋升考核的重要部分，增加外聘讲师传授营销及管理课程授课经验，对优秀及潜力讲师进行系统化培训，直至全体营销管理层和销售精英均认证为讲师。

3. 区域项目日常化培训

房地产项目销售是一个环环相扣的过程。在这个过程中，每一步都可以推进和促成销售。营销管理最需要在这种细微处下功夫。

图4-3-3 区域项目日常化培训的六项内容

（1）入职培训

① 保证新员工在入职两周内完成入职培训。

② 培训重点包括但不限于五类内容：企业基本概况、案场标准化管理、岗位职责、工作流程、案场各项基础知识。

（2）日常岗位培训

① 新员工入职至试用期满，指定一名培训导师做日常工作指引。

② 培训导师可以是新员工的直属上司，也可以是能力、业绩突出的资深员工。

（3）拓客技巧培训

① 拓客思路及技巧。

② 项目核心说辞、拓客口径。

③ 拓客考核机制：对三类客户如编外经纪人、分销商、合作伙伴的数据进行考核，考核内容是发展数量、圈层活动举办数量、活动转访、到访转成交等。

（4）示范区开放管理培训

① 现场接待流程标准培训。

② 现场参观动线解说词培训。

③ 说辞培训：示范区、沙盘、户型、样板间、竞品对标等。

④ 认筹培训：派卡、卡转筹、解筹等。

⑤ "杀客"情境演练。

⑥ 价格试探口径培训。

（5）开盘准备培训

① 价格测试、落位口径培训。

② 开盘流程培训、走场、彩排。

③ 开盘后场培训：付款、按揭、法律文书。

（6）技能提升培训

培训销售团队要以提升团队的销售能力为目标。一个好的销售团队一定要提升三种能力。

① 综合谈判能力：销售冠军成功案例分享，谈判技巧和心理洞察专项培训。

② 视野、思路能力：市场优秀营销案例分享，管理技能、自我提升专项培训。

③ 客户维护、开拓能力：拓客技巧、渠道、圈层活动如何有效组织。

区域项目培训有四项管理重点：

① 牵头组建培训团队，确认培训计划及培训课件是否符合项目需求；

② 安排专人抽查新员工对案场基础知识是否熟练掌握；

③ 各项目是否遵循时间节点要求组织培训；

④ 测评培训内容，抽查考核培训结果，合格率至少达到85%以上才算培训成功。

图 4-3-4　区域项目培训的四项管理重点

案场销售能力标准化管理

以"接客""谈客""杀客"为主的房地产传统管理模式已无法达成项目的业绩目标。在房地产整体市场形势已发生根本性变革的大背景下，营销负责人面临着方法与方法论的思考与重塑，面临着对项目销售规定动作的标准化管理。

1. 事务性工作流程优化

项目销售启动后，营销的事务性工作会骤然增多，营销部门要解决三个问题：

（1）增设营销事务性岗位编制

释放现场销售的事务性压力。销售人员只有不陷入各种售后服务工作中，才是有效的作战"兵力"。

（2）明确销售人员工作边界合理

有些销售案场，从谈客、认购、签约、催回款直到交楼，都由销售人员跟进到底，大大占用了销售人员的精力。

（3）科学合理的人力协作

一次大型房地产项目的开盘，没有合理的人事安排，就很难确保销售人员有充裕的时间和战斗力接待到访客户，导致销售加推动作缓慢或能力变弱。优化营销后台事务性工作有五个重点：

① 认购、签约流程优化及注意事项讲解；

② 退筹、退定流程优化及注意事项讲解；

③ 客户投诉及售后反馈说辞讲解；

④ 签约后更名、退房或换房流程优化及注意事项讲解；
⑤ 明源或其他数据录入系统的使用培训。

2. 推广说辞管理

（1）制定项目说辞

① 清晰描述项目概况和基础数据。
② 充分结合市场调研分析，突出项目优势及主要卖点。
③ 模拟客户疑虑，统一解答口径。

（2）销售说辞考核

销售说辞考核主要有五点：集团品牌、项目区位、沙盘、户型、样板间。说辞要与时俱进并不断打磨，并定期进行说辞考核，考核销售说辞的标准有五项：流利性、条理性、熟悉性、明确性、口径统一性，不合格的销售人员要给予及时的培训或停岗处罚。

图 4-3-5　销售说辞五项考核标准

（3）品牌及项目区位说辞

① 集团品牌：突出多元化发展，全国布局或深耕区域。
② 区位概况：突出环境配套及板块后期的发展趋势及升值空间。

（4）沙盘说辞优化

① 周边配套。突出学校、医疗、商超、交通等重点利好。
② 周边环境。突出公园、景观、人文、生活品质和地段。
③ 物业管理。突出品质服务或价格优惠，高性价比。
④ 园林设计。突出中央景观、组团景观，形成步移景异的空间景观体系。
⑤ 建筑设计。突出全景化住宅，提升产品溢价；外立面、社区商业街、停车场入口、入户大堂

等营造出完美的归家体验。

（5）样板间接待及说辞优化

① 样板间参观动线合理规划及遮蔽工地通道。

② 户型特点，以客户实际生活体验感为标准，提炼亮点说辞，并针对竞品进行系统比较。

③ 户型内讲解，提供准确的相关数据，以及设计亮点、产品附加值等相关信息。

3. 专业市场分析能力管理

（1）房地产市场最新动态分析

① 通过市场成交数据分析掌握客群购买特征，及时调整库存及新推产品的定价和营销策略。

② 通过相关利好政策分析，营造产品投资潜力，及时利用政策利好逼定成交犹豫型客户。

（2）目标竞品楼盘调研分析

① 策划团队分析目标竞品的营销策略及工程进度，合理铺排营销费用，形成对竞品推广精准有效的截客。

② 销售团队分析目标竞品的最新销况及到访热度，加大优惠政策的吸引力和渠道拓客范围，对同期市场潜在客户全面收网。

③ 全面深入地和竞品进行比较，并统一优劣势输出口径。

（3）自媒体推广技巧

① 定期考核拓客团队对推广主题和内容的掌握，保证销售信息广泛传播。

② 寻找专业推广机构，整合内容，覆盖微信、微博、头条等线上媒体平台。

③ 专项培训添加客户微信的引导性说辞，提升到访客户后期沟通的有效性。

④ 专项培训朋友圈项目信息发布内容（刷屏技巧），提升话题、事件营销高频燃爆市场的效果。

4. 拓客技巧提升

销售案场的现场需要及时记录。案场主管及经理要了解最新客户的跟进程度，案场客户及其信息管理必须做到细致无遗，以便充分地了解客户。提升拓客技巧需要基于到访客户信息的整理和反馈，熟练绘制拓客地图，制定推广计划，提供必要的技能培训，扩大和巩固客群渠道。

图 4-3-6　提升拓客技巧的四个策略

（1）绘制拓客地图

绘制拓客地图需要严格严谨的态度，如果仅仅当作简单的工作任务布置下去，上网搜一些项目附近的企事业单位和小区、商超的分布，拓客团队根据自己"脚力"设定下行进距离，交差应付了事，就达不到拓客地图的真正价值。

落实拓客地图的绘制，通过反馈数据分析，及时调整、指引拓客方向和策略。正确的拓客地图绘制方法，有两点：

① 销售与策划共同进行深度的市场调研，圈定目标客群的分布位置；

② 结合客群作息时间绘制拓客地图，很多拓客地图对拓客范围和客群都标注得相当清晰，唯独没有考虑客群的作息时间。项目拓客大军喜欢早上集结到调研现场，可是，街上的行人不一定是项目销售的核心目标客群。

（2）制定推广计划

拓客兵团不是盲目到访，还需要考虑更多客观情况。

① 知悉近期推广的主题、策略，以及媒体投放内容。

② 宣传触角要在目标客群范围内做出有效延伸，要对拓客团队及时宣讲每次的推广主题，保证能打动客群购买动机的利好政策，"吸引人 ＋ 诱惑信息"才是拓客成功的完美条件。

（3）提供必要的技能培训

主要工作是拓客的 PPT 前期准备和价值梳理。拓客与在销售现场做推荐不同，需要做的工作也不同。

① 拓客团队中要有 PPT 宣讲高手。拓客团队在企业、事业单位内的集中宣讲，没有沙盘、户模及样板间这样的辅助道具，拓客 PPT 是集中宣讲的核心拓客工具。

② 拓客团队要有气氛调动高手。能充分调动现场氛围，快速突出产品价值，把项目的最大卖点

推广给目标客户。

（4）增大拓客渠道

增大拓客渠道的工作主要是指丰富拓客渠道、整合人脉资源、转化圈层活动。

考核拓客动作有效性有一个重要指标：转化圈层活动的数量与质量。提升圈层转化数量和质量有三个方向：管理好拓客节奏；保证客群质量；协助拓客团队事先筹划好圈层活动，保证活动有丰富的主题和恰当的场地安排。

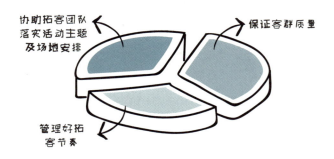

图 4-3-7　提升圈层转化数量和质量的三个方向

（5）控制拓客渠道

控制拓客渠道的本质是把握拓客节奏。把握这个节奏可以分期进行。

① 项目拓客初期。这个阶段的拓客工作，团队兵强马壮、精力充沛、物料充足，可以集中火力重点攻克优质客群区域。需要注意的是拓客 PPT、赠品礼品、活动往返车辆要准备到位。

② 已有客户数据期。在这个阶段，要对已拓展区域及未拓展区域有清晰的数据分析，掌握客群动态。

③ 已锁定目标客户期。这个阶段要在热点区域及时增设外展点，保障所吸收客户的数量和质量。

5. 电话营销技巧提升

电话营销是一种低成本的营销手段。常规的电话营销面临三个最大的难题。

① 如何让顾客不会挂掉我们的电话？

② 如何让顾客对我们讲的内容感兴趣？

③ 如何让电话营销不影响顾客的心情还能增加品牌美誉度。

随着互联网沟通工具的增加，人们对隐私的重视和对商业推广骚扰的抗拒程度日益加深，电话营销想要达到效果，越来越难，技术也越来越重要。

表 4-3-1　电话营销培训内容

序号	事项	内容
1	专业知识问答培训	① 房地产专业基本知识 ② 电话礼仪常识 ③ 所售楼盘的销售说辞 ④ 市场状况的分析 ⑤ 目标竞品楼盘的分析 ⑥ 对营销卖点的了解和掌握
2	接听电话的形象体态培训	① 沟通状态热情友善，声音平和自然，语调亲切 ② 坐姿舒适，避免声音压抑 ③ 口里没障碍物，如口香糖、烟、糖果等 ④ 刻意增加训练，保证体态优雅，谈吐亲切，反复练习自己的嗓音和说话方式
3	接听电话营销工具培训	① 文件夹齐整，内有价格表、付款方式、按揭银行等相关文件，随时回答客户购买的问题 ② 计算器，快速为客户计算首付、利息、总价、折扣等和客户买房相关的重要数据 ③ 楼书或宣传资料 ④ 置业计划方案 ⑤ 笔、便笺纸等文具 ⑥ 水杯、润喉糖等
4	电话接听技巧培训	① 有效倾听客户说话，解答有针对性的提问 ② 保持倾听耐心，让对方一吐为快获得海量的信息 ③ 不带个人情绪，不匆忙下判断和结论，消除客户对产品或开发商的偏见，引导客户客观看待问题 ④ 专心听客户讲话，边听边做记录，听其词、会其意，揣摩话外之音 ⑤ 把握恰当的时机，运用诸如"是的""没错""我明白"等肯定语气以转换发言权
5	电话跟踪技巧培训	① 克服尴尬和恐惧心理，坦然面对客户拒绝 ② 调整心态，珍惜时间，提高效率，联络真实客户 ③ 电话沟通前明确目的，根据跟踪回访次数追问客户决策疑虑，根据上次沟通中遗留的问题开启话题 ④ 定期做总结，了解客户职业生活习惯，并避开对方忙碌（如周一上午、开会、会客等）及吃饭、休息的时间 ⑤ 制造悬念吸引客户再次来现场看房，抓住客户决策的关键人物（比如掌握家庭预算、有决定权、决定需要的人）进行沟通 ⑥ 真正了解客户疑虑及需求，给客户最有打动力的方案和购买理由 ⑦ 对态度为坚决暂不考虑的客户，要了解原因，保持联络

6. 客户维护技巧提升

（1）大客户维护

大客户是指企事业单位或行业协会等机构的团购。企业销售不要指望拓客团队出面就能搞定大客户。企业的大客户联络拜访一定需要企业管理层亲力亲为，最好能多创造两家单位高层面对面沟通和建立关系的机会。

（2）老业主维护

在房地产项目销售中，"老带新"是指老客户发展新客户的拓客形式。对房地产营销来说，老业主带新业主也是非常重要的销售渠道。房地产营销如果想在销售上激发出"老带新"的效果，就要做好三项工作。

① 营销部门做营销费用预算时，要尽可能单独列出"老带新"的销售佣金政策。

② 在奖励政策上，可以使用一些车位抵用券、物业费减免等弱刺激手段，也要有高于市场水准的现金激励制度并保证及时兑现。注意购买方和推荐方的奖励平衡。

③ 有策略地拜访老业主。老业主的全年节日礼品保证有合理的计划安排；没有礼品的节假日，要有温馨的祝福短信和微信。用活动和业主建立沟通比日常拜访效果更好，因此，营销要配合物业尽可能多地举办丰富的业主活动。

第四节
房地产营销客户体验营造

客户体验是促进成交的关键环节。体验营销就是销售终端的制胜环节,体验营销能让客户融入其中,对产品和生活产生美好想象,从而促进购买,成为产品溢价的利器。

一个项目的案场传递出的价值体验感必须超越客户对价格的认知。项目通过体验式营销引导需求,增强居住向往。体验式营销是客户组织的终端,也是一个体系化的价值呈现工程,一切付出都将在让客户体验产品、确认价值、促成信赖后转为成交。

 一　体验式营销管理流程

体验式营销涉及公司的各个部门,包括营销、设计、工程、园林、成本、财务等,可谓是全员营销。只有这样的全程式体验才是真正、彻底的体验式营销。体验式营销细节众多,市场条件千变万化,在实施和执行过程中需要注意三点。

① 在体验式营销全程实施的过程中,可以根据实际情况,在公司组织框架中有所改变。

② 在项目拿地完成后,即将开始进行系统性、全程性体验式营销的实施。营销负责人有必要建立一整套规范的体验式营销实施流程,并在各环节制定一定的标准。

③ 情景体验区是狭义理解的体验式营销,是显性体验式营销的主要部分。项目需要针对情景体验区的规划和细节设计制定单独的开放方案。

图 4-4-1　体验式营销执行的三个要点

体验式营销的四个细节营造

体验式营销是项目表现力的另一种说法，力求将设计语言翻译成市场语言，最终通过营销话术将信息转化成价值，形成产品溢价。

1. 形象展示

（1）企业形象

① 展示企业布局分布，重点突出城市深耕规划。
② 奖项及企业大事件展示。

（2）多媒体影视厅

① 企业宣传片引导客户了解企业及相应产品的发展进程。
② 主题宣传片带动客户体验当下高品质的住宅标准和项目所带来的美好生活。

2. 产品规划

（1）日照采光时段展示

以建筑模型为圆心，顶部模拟日照装配不同角度的灯筒，可通过光亮选择展示不同时段的日照，传递产品如何将建筑日照、采光和通风等做到最优化的设计。

（2）配套、园林、物业

结合项目自身地理条件展示配套、园林和物业。可以增加山水资源展示，展示丰富的周边配套内容。园林模块以立体模型展示花园、儿童游乐区、年长者休息区、宠物活动区、游泳池、篮球场等为主要内容。有条件的项目可以在社区内营造立体跑道和健康人性化的设施。

（3）社区文化

通过丰富的社区文化体育活动，展示社区邻里公约内容。有仪式感和互动感的社区文化更符合目标客群的价值认同。

3. 智能社区

（1）立体交通

通过轨道或智能模型，直观展示人车分流及交汇场景的安全生活状态。通过车牌识别、人脸识别门禁系统的实物演示，提升客户对项目智能化社区价值的记忆度。

（2）智能安防

提供智能安防 App 展示互动，客户可通过手机实时监控室内安防、煤气泄漏预警，以及家电、灯光、窗帘远程遥控等互动体验。

（3）自助收取件快递柜

网购已成为大部分客户的消费和生活方式。特别是疫情之后，客户对快递柜的需求不会亚于对停车位的需求。很多小区居民因为快递柜数量不够而产生了和物业的冲突。

4. 产品细节

对于产品塑造来说，企业只有推出有辨识度的产品系，才能建立竞争的护城河。

（1）户型对比

通过实景模型，与竞争楼盘做全面的户型对比，突出本楼盘客户最喜欢的价值点，诸如开间尺度、南北空气对流、舒适度优势，展示产品与市面普通产品的层高对比，突出产品层高的优势。

（2）视野对比

① 大户型产品增加空中花园的交付设计，突出休憩和娱乐功能。
② 中小户型产品突出观景阳台，使周边景观尽收眼底，突出视野带来的生活享受。

（3）材质对比

① 外窗隔声隔热展示，突出新型材质和普通材质在隔声隔热方面对生活舒适度的影响。
② 精装或交付标准中的材质展示，突出材质安全性和使用寿命。

（4）舒适度对比

① 是否从减轻生活噪声的设计角度，有同层排水的设计优势？
② 是否从做菜配餐的使用空间及顺序的设计角度，有符合中国人切、炒、洗、存的厨房人性化设计优势？
③ 是否从功能和空间利用的设计角度，有飘窗改造的设计优势？
④ 是否从收纳的设计角度，预留了全层的收纳空间？

以客户眼光营造两种体验感

体验式营销是指深刻了解用户置业需求后，通过运用看、听、用、参与的手段充分刺激和调动消费者的感官、情感、思考、行动、关联等感性因素和理性因素，重新定义和设计的一种营销方法。

1. 情景体验区营造

客户进入楼盘现场后，会按照一定的行动轨迹来亲身感受项目品质。在客户的行动轨迹中，现实的体验感远远高于媒体推广和沙盘模型带来的描绘，更高于销售人员的完美说辞，是房地产项目体验感营造的核心重点。

（1）客户进场行动轨迹的三个核心点营造

以客户入场后的行动轨迹为触点设计情景体验区，核心地点有三个。

① 客户到访销售中心。对示范区、售楼处、样板间、建筑工地等形成不同的体验。

② 客户内部参观动线。需要注重空间的变化和沿途视线的感受，并从客户的五觉（视觉、听觉、触觉、嗅觉、味觉）感受入手，为客户创造"全景体验"的过程。

③ 客户停留咨询区。回答客户的问题。销售人员对客户会在参观过程中提出的疑问应有所准备，通过说辞和场景让客户得到有说服力的答案。

图 4-4-2　客户入场后行动轨迹的三个核心地点

（2）客户体验场景建设执行

客户体验场景建设执行有三个步骤：

① 由营销部门牵头，联合设计部门、成本部门、工程部门进行工程和建设配合；

② 建立专门的客户关系部门，积极维护企业与客户之间的关系；

③ 从提升客户满意度入手，对体验式营销的客户触点进行落实与管理。

2. 项目现场情景营造

（1）项目主入口营造

醒目景墙，包含 Logo、项目名和主案推广语，字体内发光和外打灯要兼具，注意各类支架要隐藏。在安装楼顶字和门头字时，注意平顶和尖顶楼顶的不同施工方法，确保字体安装牢固、安全。

（2）导视系统营造

导示系统要按空间位置划分，步步引导，层层向内指引；导视系统从项目四周向展示区延伸，覆盖各功能区的内外部。

（3）社区商业街营造

呈现主题、包装和业态布局，重点展示区选择靠近营销中心及客户动线入口处等人流量最为集中的区域。

（4）营销中心营造

营销中心作为房地产项目的重要展示空间，不仅是一种市场手段，更是当下兴起的场景营销。

场景一词，原意是指戏剧、电影中的场面，是以人为中心的内容空间。现在的营销中心，都增加了很多小主题功能，比如餐厅、游乐场等。把空间氛围和人气通过主题聚合在一起，带给受众群独特的体验。

营销中心空间与氛围的营造，源于对客户行走体验的想象。表现该表现的，衬托该衬托的，展现项目的气质与品质。企业的服务能力，也给购房者一个舒适自由的洽谈感受。

（5）样板间营造

样板间对于楼盘销售的重要性不言而喻。样板间作为商品房的招牌，一个楼盘的脸面，是客户买房后装修效果的参照实例。

样板房相当于商品房的一个包装，目的有三个：①给买房人看实际的装修效果；②模拟未来家居生活实景；③体现本楼盘的实用性和美观性。

样板间设计是整个楼盘的门面，诠释着楼盘对生活和潮流的理解。样板间设计不好，就难以得到客户对整个楼盘实力的认可，房子就卖不出去。

四　客户入场高峰体验的四个建设重点

即使企业把产品、服务都做得挑不出毛病，也未必能引起客户的购买欲。因此，客户到访后的一切体验都要经过精心设计，通过完美的体验感给客户制造极具震撼力与影响力的购买冲动。

1. 精心设计客户参观动线

要使客户一走进销售中心，就能立刻从五个场景中产生不同的感受：
① 从项目宣传片和案场营销排布中看到项目的全景规划及美好未来；
② 从区位价值模型中清晰地看到地段环境的发展价值；
③ 从项目沙盘中感受产品设计的亮点优势；
④ 从品牌体验馆中了解企业实力及楼盘档次；
⑤ 从样板间的参观中发觉产品细节带来的美好居住感受。

（1）客户参观动线管理

案场场景对客户的影响巨大，销售和策划团队要反复在案场实地体验客户的参观路线，从中梳理出参观沿线的视觉亮点，确定要遮蔽的视觉、听觉和常规行走范围。营销人员可以从项目入口到销售中心，从销售中心到样板间，从样板间再返回销售中心直到离场来做动线测试。这是一条最基础的客户参观动线。行走中还要注意施工区、建筑材料堆放区等地方的处理是否完美。

图 4-4-3　客户入场行走体验动线路径

（2）楼盘示范区管理

营销团队要积极去周边踩盘，持续收集大量周边竞争楼盘的示范区、景观区、样板间实景照片，实现整体或局部的超越。要尽可能提升参观路线沿途园艺设计植被的多样性、水系的流动性、道路的曲折性，让客户在参观路线中能有兴致驻足停步，拿出手机拍照分享。

2. 提高接待服务品质

项目团队在销售期，一定要注意销售案场各种接待服务的细节。

（1）物业安保形象

展示出专业化的安保训练，能加深客户对物业服务水准的良好印象。

从客户进场便开始简化判客流程。销售人员要及时快速地对接服务，全程积极主动、热情周到；对同行或媒体人过来踩盘，要安排专人接待，并使其和客户接待保持一定距离。

（2）分类接待客户

销售人员接待客户时，要先询问客户预计的停留时间，再根据客户时间计划采取不同的接待方式。

① 停留 15 分钟以内的客户。客户预留时间较短，销售人员要简化企业品牌讲解，重点突出地段价值、产品户型优势、近期优惠政策等，再邀请客户下次预留充足的时间参观样板间。

② 停留 30 分钟以内的客户。尽可能带其参观样板间，摸清客户正在对比的楼盘是哪些，下次回访时主动分析产品间的优劣势和自己楼盘的独特价值。

③ 停留 45 分钟以上的客户。客户时间预留基本充足，可以借助生动的接访介绍再次延长其逗留时间，可以完整系统地进行项目介绍，带其参观样板间，返回洽谈区安排茶水点心后，再深入了解客户置业需求，接待完毕后持续跟进服务。

（3）目送客户

销售员带领客户进入样板间后，由样板间专岗解说员向客户输出产品的细节特色及亮点。客户离场后，销售员将其送至大门口或停车场，目送客户离开后再返回销售中心。

停留 15 分钟以内的客户
- 简化企业品牌讲解
- 突出项目亮点和价值
- 预约客户参观样板间

停留 30 分钟以内的客户
- 争取带看样板间
- 了解客户心中的对比楼盘

停留 45 分钟以上的客户
- 生动的项目介绍
- 完整的项目说辞
- 带看样板间
- 洽谈区深入了解客户需求

图 4-4-4　三类看房客户的不同接待重点

3. 维护客户室外体验关注点

维护客户售楼部室外的体验对楼盘成交非常关键。目标有五个：

① 客户看楼参观路线沿途、路口、各个服务区域等重要位置，有序摆放导视标识，导视材质、色调要与项目 VI 的色调和档次相匹配；

② 销售员要及时上报商业街类的包装建议，合理规划商业街业态布局，并强化氛围展示；

③ 外墙围挡制作工艺优良、画面清晰度高、平整、色调醒目，树立良好的品牌展示形象；

④ 楼体亮化字及标识字要确保安装后的安全性，字体工艺无掉色、破损，夜间亮化正常开启，且亮化视线无遮挡；

⑤ 泳池、水景等水系环境水流清澈，过滤设备正常无异响。

4. 维护客户室内体验关注点

不同品质的楼盘要营造相应的感观印象。

（1）注重细节建设

① 环境保洁的及时性，营销物料整齐摆放，销售人员有序接待。

② 超级大盘或优质盘，开盘后日成交几十套，洽谈桌上来不及清理的烟缸、随地乱丢的宣传物料、横躺竖卧累瘫在沙发上的销售员、样板间地面上明显的鞋印等，是楼盘热销的信号。但是这种场景如何处理，也需要掌握一个度，热销气氛不能太过，否则会影响客户体验。

③ 背景音乐、影视厅播放的宣传片、人头攒动的嘈杂声、现场成交的喊控等，可以从听觉、视觉上满足客户对环境氛围的判断。

④ 水吧台精美甜点和现磨咖啡的香味、制作精良的宣传物料、品牌区的工法展示等，从味觉、嗅觉、触觉上为客户营造轻松舒适的看盘心情。

⑤ 在门槛、玻璃、楼梯或有可能出现危险的地方做出温馨提示，体现细节关怀。

⑥ 认购成功的客户，需要缴款或办理业务而进入楼盘办公区域，办公区域干净整洁的环境、良好的工作氛围，也是开发商品牌价值和专业度的体现，不能忽略。

（2）组建内部"看盘专团"

客户的环境体验营销，要做到随时随地监控。营销负责人要积极牵头，时时整改项目的销售环境，带领项目总经理、景观部总经理、物业总经理等组建"看盘专团"，全面调研竞争楼盘在体验环节中的优劣势，并要做到两个保证。

① 保证卖场和案场管理的整体系统性。形成统一的行动方向后，明确对标提升体验环境的费用归口部门，及时增补各自的费用预算。从硬件升级到软件升级，从软件升级到细节升级，树立案场管控标杆，打造高端的案场服务水准。

② 保证项目销售的全局观。峰终定律是指在一段体验的高峰和结尾，体验感受如果是愉悦的，则客户对整个体验的感受就是愉悦的。客户到访后的完美峰终体验，必须是销售全程各个细节上共同引领，牵出客户的感官系统看盘，消除客户所有的决策疑虑。

第五节
房地产项目去库存销售管理

 库存产品处理思维借鉴

新营销时代,是跨界营销的时代,是人的跨界、产品的跨界、IP 的跨界。做营销从事市场工作的人,必然会密切关注"跨界"这个领域。房地产企业已经逐渐趋向于学习者,积极向各类产品商学习。跨界,除了营销思维的跨界组合之外,还有跨界学习,向完全没有联系的行业学习。

因为任何一种产品投放到市场,必然都要经受消费者的选择和竞争对手对客户的争夺等过程。无论是什么行业,作为一个产品生产商要善于从市场中学习、向竞争对手学习、向优秀的产品商学习,只有互相学习、取长补短才能走得更远更长久。

任何一个产品生产者都要面临产品库存问题。通过库存产品的处理态度或方式,可以判断一个行业的成熟度。以下三个不同行业应对"库存产品"的方法,对房地产企业营销人员来讲,是一种跨界的操作思维,是降低未来房地产行业产品库存积压非常宝贵的启发。

1. 连锁快餐行业借鉴

1987 年 4 月,肯德基快餐连锁店进入北京市场,揭开了中国现代快餐快速发展的序幕。餐饮业成为中国市场起步最早、开拓发展最快、收效最明显的行业,也是市场化程度最高的产业。快餐行业的发展和我国房地产行业的发展时间轴基本是重叠的。品牌快餐连锁企业发展较早,其营销和销售策略已经非常有体系。快餐连锁企业培养起来的管理者和店长是国内房地产中介机构、销售代理公司、开发企业在房地产行业扩张之初抢夺最激烈的人才。

(1)快餐行业去库存的策略

快餐行业有自己的特殊性,就是商品的有效保质期往往只有一天甚至更短的时间。肯德基和麦当劳这样的品牌快餐企业,对待上架后在规定时间内没有销售出去的食品,态度是对其做"销毁"处理。如此极致的做法背后,是其对库存产品科学合理的控制措施。一个品牌快餐连锁店的店长,每天最核心的管理任务有两个:精准预测各时间段的上客量;根据上客量提前筹备生产加工商品。就是依据客流量来确定生产数量。这种能力依靠的不是天赋和个人经验，而是海量数据收集分析后的规律总结。

每家快餐连锁店每个时间段的产品生产量怎么确定，企业总部的管理方式有两个：生产数量放权给店面自治；对"销毁"的库存产品严格问责。这背后的逻辑是，如果一个快餐店每日生产的产品过多，库存就会变大，这意味着销毁量也会变大。销毁的是产生经营成本。企业问责的就是"生产责任承担者生产量的控制权"。

以上管理办法可以回答两个问题：① 所有商品不会提前生产好等着消费者进店消费，只能依据订单生产；② 肯德基、麦当劳的每家连锁店每个时间段卖什么、卖多少不能由总部说了算，必须下放到店面。

（2）产品思维方式是品质控制

对快餐行业的产品研发部门来说，销量是发展的核心保障。销量大小对应的是产品口味。很难想象一个快餐品牌，如果产品口味不好，还能通过什么其他方式获得销量。所以，快餐行业发展的两把利器是：研发大量适合大众口味的产品；店面位置保证能吸引足够多的消费者到店。论业绩责任，企业提供标准化产品，快餐连锁店店长获得了对产品及产量的控制权，本质还是承担自己的业绩责任。

快餐行业对待库存产品的处理方式只是一个表象，房地产营销负责人应该借鉴这背后严谨的管控手段和清晰的问责机制。

2. 时尚类服装行业借鉴

从全球发展来看，工业文明的兴起给服装行业带来了三个变化：① 提升了服装行业原料端（比如棉花、植物纤维的种植采集）的生产效率；② 扩大了加工端（如机械流水线、拉链配饰五金件等）的生产规模；③ 推进运输端如物流、仓储等快速铺货效率。

从国内发展来看，服装行业和房地产行业发展的时间轴也高度重叠。成熟领先的产业链模式造就了其精准的生产能力，这些能力让其他行业无法相比。时尚类服装行业如何处理"库存产品"呢？

时尚和潮流都具有时间性和时代性。因此，时尚类服饰商品非常容易产生库存。每年甚至每个季节都有新的流行色、流行款式、流行面料等热销产品出现，随之产生了更多没有流行起来，最终过气的滞销产品。

相比快餐行业对库存的"销毁"式处理，时尚类服饰行业擅长运用促销、打折、甩货、倾销等手段应对库存产品。

（1）设计、营销与推广的紧密结合

由流行色、流行款式、流行面料组成的产品能销售出去，必须有一个营销载体，一个拥有完美宣传和引导的载体——模特。一个服装模特的选定及成名，除了模特自身的天赋和对身材的严格管理，还有背后无数服装行业设计、营销、推广人员的心血。他们努力的目标是通过一个优秀的模特，向市场（客户）展示各种流行的可能。

（2）产品思维方式是保持较高的营销热度

服装行业的生产逻辑有以下两点。

① 产品设计部门是企业研发的中枢，这个部门兼顾了客户调研的功能和责任。产品上架后的市场口碑责任清晰。

② 营销部拥有生态链最成熟的产品价值推销载体——模特。

因此，服装行业最擅长通过搞活动获得客户关注度。巴黎时装秀是这个行业圈层活动的最顶端。如果这个行业企业的业绩不好，第一责任人就是设计部。

3. 游戏软件行业借鉴

游戏软件行业也有库存，只是库存的形式和常规商品不太一样。软件企业的产品就是每一款游戏。从第一款我们熟悉的手游《贪吃蛇》到今天"低头族"最爱的《王者荣耀》，市场热度的背后是每款产品巨大的人力、财力投入。在软件市场，海量的游戏产品只面对两类消费者：常规玩家，选择游戏是兴趣休闲需要，三五款游戏已足够；职业玩家，专注于竞技比赛，常年专攻一两款游戏。

也就是说，一旦一款游戏遭到淘汰或变冷，这款游戏的编程、人物角色就会瞬间失去市场价值，成为游戏软件企业的库存，几乎没有再次变现的可能。游戏软件行业对库存产品的应对策略如下。

（1）保证足够的开发量，不断做研发升级

对游戏软件市场来说，制胜市场的关键就是保证游戏软件的开发量，赌其中一个能成为市场爆款。一个游戏即便成为爆款，也有被淘汰或被替代的风险。企业一定要不断对其进行技术升级，持续开发并扩大其周边，在一个周期内占据更多产品盈利点。

像《魔兽世界》《绝地求生》《王者荣耀》这样的超人气爆款游戏，几乎是一个时代游戏玩家共同的话题。这样的产品一旦成为库存，就意味着游戏玩家的注意力和时间已经被新的游戏产品所吸引。

游戏软件企业对市场的看法也是游戏企业对库存产品的态度：

① 不惧怕产品成为库存，保持游戏的升级速度；

② 游戏对人体的感官刺激永远存在，开发每款产品的目标都是成为市场爆款。一旦一款游戏被市场认可而成为爆款，就要立刻汇集所有企业优质资源，不断升级，持续开发，让产品的市场生命周期尽量延长。

（2）产品思维方式是追求爆款

游戏软件行业产品研发部门的眼里只有爆款产品。唯有开发出爆款产品才能在行业里做出名气。保持对产品升级、迭代的自我更新，通过主动淘汰老旧软件获得市场销售的新机会。

4. 操作系统软件行业借鉴

Microsoft Windows，是美国微软公司研发的一套操作系统。它问世于1985年，经过微软公司的不断更新升级，变得非常实用，已慢慢成为全球应用最广泛的操作系统。Mac OS系统，是苹果公

司自 1984 年起使用的操作系统。它的特点是不支持兼容,是一套完备而独立的操作系统。

（1）有替代产品及时补位

随着市场化的竞争,个人 PC 操作系统基本被 Windows 和 Mac 系统垄断。对研发操作系统软件的企业来讲,完全不能接受自己企业的产品成为库存,一旦产品成为库存,就意味着这款操作系统软件会逐步被市场彻底淘汰,如果没有替代产品及时补位,就会对企业构成毁灭性的打击。

（2）产品思维方式是不断快速升级

当一家企业的产品销售面临这样残酷的市场竞争环时,就意味着这家企业在产品研发和升级迭代上的速度要快,要舍得投入研发成本。

以上四个行业应对库存产品的态度,提醒房地产营销负责人,在做销售和策划的时候,要借鉴不同行业的思维方式,反思房地产行业产品库存产生的核心和本质,以及营销负责人如何用房地产的逻辑应对库存产品这个大问题。

楼盘去库存的销售策略

解决房地产行业的产品库存,要学会多问为什么,习惯穷追不舍。任何房地产企业的库存产品,只需连续追问几个为什么,就能挖掘出产生库存的根本原因。

1. 破解三类营销库存"理由"

极少有企业的决策层愿意把精力放在研究为什么会产生库存这个核心问题上,却把大量精力用于焦虑、指责和反复开会。特别是对营销部门来说,所有客观的、现实的库存产品滞销原因分析,都被企业决策层视为借口。但是,企业要解决好房地产库存问题,必须认真聆听和分析营销负责人口中的理由。

（1）售楼处没有自然到访

这个理由说辞常常被销售人员用到：最近没有成交,因为售楼处没有到访、没有来电、媒体投放后没有什么效果。销售人员说出的这个理由只是一个短期存在的表象。解决这个困境有三个方法。

① 保持积极心态：只要市场上还有楼盘成交发生,就一定有卖得出去的房子,项目就有机会。

② 积极分析客户缺乏的原因。从市场成交数据中分析客户的需求变化,对应分析项目本身的产品营销定位及推广包装策略。

③ 尽快调整销售方案。如果一段时间都销售不利,就需要调整改变既定的销售措施和方案,精心区分不同客群的行动轨迹,销售案场需要的是精准到访,而不是凑人头、图热闹的拉客方式。经过对比后,哪种拓客模式客户反馈量高,就选择哪种。

（2）客户决策周期不可控

产品生产传统的获客模式是：从产品亮相推广到客户首访,客户再访转为最终成交。但是,营销时间轴非常长。随着消费者消费观念的成熟，全国房价不同程度地持续攀升，销售人员对到访客户所进行的价格逼定、房源逼定、挤压逼定等传统手段，对促进成交的作用越来越弱。解决这个问题的方法有两个。

① 提升销售人员的销售手段。长期以来，房地产营销主要靠强调房屋的投资价值，卖点是项目所在地段未来的房价一定会涨。如今，很多传统的销售策略及卖点都失去了影响力。因为追涨环境下总结出的获客周期不包含应对居住型购买者的置业需求。因此，这些销售手段对刚需客户并不适用。

现在的房地产市场，受宏观政策调控的限制，购买已经回归置业居住的刚需功能上，房地产企业原本的销售说辞和营销战略针对性就没有那么强了，产品的价值呈现也无法打动客户。

② 挖掘产品真正的打动力。无论什么产品，最终能打动客户的，一定是产品自身的魅力和价值。房地产销售要回归初心，从引导客户置业需求以及产品居住功能与配套匹配度入手。可以让销售员轮流在样板间或销售中心住几天，充分体验和感受产品的细节和生活环境的舒适度，用来自销售员的真实体验感完善产品价值的说辞，并传递给客户。

（3）不强调投资价值房子不好卖

在中国，房价承载的不只是产品功能那么简单。开发商拍到土地后对溢价的预期是取得最大值。房地产行业所有部门存在的理由几乎都是必须能提升产品销售溢价。

房地产企业强调房屋投资价值的销售及合作方式有四种常见情况：
① 能保证提升销售溢价的规划设计和景观设计方案才能通过；
② 能保证服务水准、提升销售溢价的物业公司才能入围中标；
③ 保证产品能卖出高溢价的销售代理公司才能获得进场销售资格；
④ 要保证设计的广告画面能提高产品的档次，能提升销售溢价的房地产广告公司才能展开合作。

以上这些方式，不只是一家开发商这样做，而是这条产业链上所有的合作单位都会目标一致，通过集体默契的努力，推进房屋销售价格不断上涨。

如今，房地产红利时代已经结束，营销人要重新调整战略和销售思维，所有的房地产营销必须回归房屋的居住功能，不断重视产品。在房地产营销回归居住本质的今天，谁先重视产品研发、重视产品营销、重视客户体验、重视积累市场尤其是业主口碑，谁就能突破困局，成为下一个十年的最大赢家。

2. 积极改善一线销售的五类问题

房地产库存的产生，除了之前说的市场和环境和因素，还有营销"人"方面的因素。处于营销环节中的一线销售人员，是整个销售环节中的闭环末端，他们的销售技巧、水准及心态直接影响销售结果。营销负责人要尤为重视销售队伍中那些"人"的问题。尤其是以下五类销售人员最容易出现的问题。

图 4-5-1 一线销售人员容易产生的五类问题

（1）习惯性夸大利好

受销售工作流动性和佣金机制的影响，不少销售员养成了夸大项目利好以促成交易的习惯。这种行为无论对于提升个人业绩还是项目整体业绩，都是极不可取的。营销管理者要坚持执行案场标准化管理制度，及时发现并纠正，不能纵容销售团队中出现这种行为。

（2）内心对项目不自信

任何一个房地产项目落地，受制于成本和时间，都会有一些不完美。销售人员在开始销售前，都非常清楚项目的利弊。因此，很多销售员打内心深处对自己的项目没有信心，或者根本看不上自己所销售的项目，内心对产品的价值持否定态度。这样的销售员存在两个问题：① 销售产品非常不得力，不够全力以赴；② 很浮躁，容易跳槽，经常会不负责任地离场。

营销管理者针对这类现场和问题，要及时发现及时处理，负能量的销售员一个也不能留在团队里。

（3）入行容易，提升专业度难

无论在房地产哪个专业部门工作，最有竞争力的人都要参加各类行业考试，拿到各类从业资格证。只有持证上岗的专业型人员，才有成就和业绩可言。

一线房地产销售员这个岗位的入行门槛不高，销售类的证件含金量比较低。入行后的难题是专业化学习和努力向上动力的不足，一线销售的专业度不够。

一线销售人员的专业度包括四个方面：

① 入职时能通过基本销售技能测试的经验和能力；

② 有资深销售员所独有的获客技巧；

③ 掌握销售工作的专业理论和学习精进的方法论；

④ 相信销售就是不放弃精神的最终体现，当客户二访还没认购时，不会像大多数销售员那样选择放弃。

笔者认识一位房地产代理行业的营销人，她从销售员做起，坚持每天精读一份营销报告，开拓视野提升技能，总结前人的智慧经验，不断精进，坚持了多年，从销售员一跃做到营销总监，最终成为某个房地产企业的城市级营销负责人。营销负责人要引领销售团队踏入专业化的"跑道"，帮他们做技能热身，鼓励并提供企业内资源，辅助她们进行精专的技能训练。用这种方式让入行起点低的销售员迅速崛起，成为房地产界的销售精英。

（4）奋斗目标不明确

与房地产企业其他部门员工相比，销售员的职场规划不容易明确。因为有更现实的目标：开单就能拿提成的岗位，销售员更好的发展自然是多争取客户，获得更多提成。大量一线房地产销售员早就习惯了这种"挣快钱"的职场模式。整个房地产行业都被销售业绩压着，更加鼓励销售员多挣快钱。

对每个市面上的楼盘来说，热销期是短暂的。项目经过前期的热销后还要经历四个更长的销售期：守盘期、持销期、滞销期和尾盘期。

图 4-5-2　房地产项目销售要经历的五个时期

因此，营销负责人对销售员的管理要做到三点：

① 主动干预销售团队成员的个人职场规划，用单个人员的进步获得整个团队的绩效；

② 管控团队，干预销售员的"挣快钱"心理预期，帮助个人规划其职业生涯的发展前景，不断提升销售员的专业能力；

③ 通过提升销售员的个人专业能力，使整个营销团队的心态趋于长期稳定状态，只有个人的事业方向明确了，才有耐心和毅力去做学习进步的计划。

（5）精神和行动上的懒惰

手游、网购、睡懒觉是精神和行动上懒惰的典型表现。

手游控制人的精神世界，消耗个人的精力和时间；网购控制人的物质世界，消耗个人的财力和物力；睡懒觉控制了行动能力，是所有计划实施的毁灭者。

再好的营销方案，最后都要落实到销售团队的客访接待能力上。可是，如果一个销售团队早会时哈欠连天，中午时手游团战，下午萎靡不振，晚上盘客就不会有好状态。

营销管理者绝不能放松对销售团队精神状态和行为方式上的管理和要求，尤其是对上班时间手机的管理。很多项目现场,已经出台上班期间手机禁止安装几类手机应用的策略,或者上班时间只能使用公司标配的手机。这不失为一个有效的方法。

去库存销售的四个突破手段

2019 年,百强房地产企业中有 300 余名高管职务发生了异动,行情变差带来了人事变动,很多重要岗位的人事翻牌速度越来越快。通过梳理高管职务异动的清单,不难发现四个问题:

① 企业战略调整会带来人事变动,很多元老级高管也会离职;
② 组织架构调整会带来人事变动,房地产企业内部提拔越来越频繁;
③ 房地产企业的财务状况危机引发人事大规模异动;
④ 行业每一轮反腐自查都会带来人事变动。

处于承担着整个房地产企业销售目标的营销部门,负责人压力更大,对房地产营销负责人的考核也会越来越严苛。从 2020 年开始,房地产企业注定更加关注楼盘去库存的残酷激战。从营销视角分析精准的库存产品原因仅仅是开始,营销负责人要做的不仅是发现原因,更是要解决问题。

去库存对营销管理者来说是一个永恒不会消失的问题。一个称职的营销负责人,首先,会不断转化思维,提升营销手段解决去库存问题;其次,会利用强专业、强管理的系统工程,在丰富的营销实践中抓住四个核心内容突破难题。

(1)寻找客户

通过对过往成交数据的分析,精准定位目标客群。重新评估案场包装及样板间软装,是否能够匹配目标客群的审美和需求。

(2)价值输出

策划部门对产品的价值包装及传递是否对竞品形成威胁。销售部门产品说辞是否真的在推介房子,而不是像推介包赚不赔的理财产品。

(3)客户导入

输出营销说辞不等于销售成交,营销管理者要全面掌握不同销售员分别把握什么类型的客户,制定优胜劣汰的案场接访制度,增加优秀销售精英每天的接访数量。

拓客团队要清楚什么类型的到访者才是买房客户,有效到访永远是工作重点。自然到访、渠道转访、分销带访的比例在案场需要有合理的管控措施。调动一切力量和营销策略,达成最后的成交。

(4)洽谈成交

面对客户到访,不能采用销售员公平轮替的接访规则。因为团队中销售精英的战斗力和状态都非常强,接待完一组客户后完全有能力再接待几组;而普通销售人员在既定时间内,能接待的客户则相对有限。在案场如果采用公平轮替的规则,就会出现这样的场景:

销售精英接待完一组客户后还要排队安排接待下一组;有点跑神、正在刷手机或网上购物的普通销售员则带着不够职业的情绪去接待客户。

营销负责人要有信心和决心打破这种所谓的"公平规则"。一个房地产企业中的疑难项目、滞销项目、重要项目，要靠硬核的销售精英才有可能攻克下来。面对大客户和意向强烈的珍贵客户到访，不能平均分配资源，也不能全员共享资源。洽谈成交是销售中最关键的临门一脚，这一脚要交给销售能力最强的人去完成，以保证面对精准客户万无一失。一个团队创造的业绩，就是这样一个细节一个细节管理出来的。